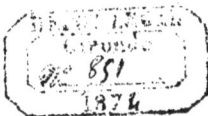

MÉMORIAL SCIENTIFIQUE

DU COMMERCE ET DE L'INDUSTRIE

QUESTIONS PRATIQUES

ET RELATIVES AU DÉVELOPPEMENT

DES

TRANSACTIONS COMMERCIALES

SUIVIES

D'ÉTUDES & DE NOTICES AGRICOLES & INDUSTRIELLES

STATISTIQUES ET FAITS DIVERS

DICTIONNAIRE DES PRODUCTIONS

(La lettre **A**)

La rédaction du Mémorial se compose de MM. Edmond David,
Y. de Villeneuve, L. Préval, Xavier Lucas et Charles Lozes,
directeur à Bordeaux.

MÉMORIAL SCIENTIFIQUE

DU COMMERCE ET DE L'INDUSTRIE

QUESTIONS PRATIQUES

ET RELATIVES AU DÉVELOPPEMENT

DES

TRANSACTIONS COMMERCIALES

SUIVIES

D'ÉTUDES & DE NOTICES AGRICOLES & INDUSTRIELLES

STATISTIQUES ET FAITS DIVERS

DICTIONNAIRE DES PRODUCTIONS

(La lettre **A**)

La rédaction du Mémorial se compose de MM. Edmond David, Y. de Villeneuve, L. Préval. Xavier Lucas et Charles Lozes, *directeur à Bordeaux*.

BORDEAUX. — IMPRIMERIE A. ARNAUD, RUE DES FACULTÉS, 30

Nous devons à nos souscripteurs de sincères excuses pour tout le retard que nous avons fait éprouver à la publication de ce premier volume. Nous nous excusons avec d'autant plus d'empressement que les délais subis auront eu pour effet d'apporter, dans le programme de l'œuvre que nous commençons, une netteté et une utilité pratique qui nous conduiront sûrement à de pleins succès.

Le MÉMORIAL SCIENTIFIQUE se composera d'une vingtaine de fascicules, tous plus intéressants les uns que les autres, puisque chacun aura pour but de concourir au développement du Commerce et de l'Industrie.

Il est inutile de prévenir nos souscripteurs que toute question qui entraînerait des développements politiques est bannie d'avance de cette publication. La science et les faits acquis seront seuls consultés : c'est par l'expérience et les investigations de la science que nous désirons éclairer toutes les questions si chères au monde du travail et des affaires.

Au surplus, nos lecteurs voudront bien juger de nos promesses par la lecture du présent fascicule : tous les suivants seront écrits dans le même esprit et dans le même caractère.

Cet ouvrage n'est pas l'œuvre d'une seule plume : cinq

écrivains ont bien voulu y contribuer. Ils continueront à remplir la tâche qu'ils se sont imposée, convaincus qu'ils sont d'obtenir au besoin l'obligeant appui des lecteurs auxquels ils s'adressent. En effet, tous nos lecteurs auront droit à l'insertion de réflexions utiles au commerce, et leurs communications devront, en ce cas, être adressées à M. Charles Lozes, notre Directeur à Bordeaux.

La Rédaction générale du MÉMORIAL est toutefois confiée à MM. Edmond David, Ch. Lozes, Xavier Lucas, L. Préval et Yves de Villeneuve.

Chaque collaborateur signera ses articles.

PETITE CORRESPONDANCE

A M. E. Gén négt (Saint Jean d'Angély) — Veuillez agréer nos excuses : nous avons oublié de vous prévenir du retard qus devait subir le *Mémorial.* Cependant les journaux de Bordeaux en ont fait mention en temps opportun. ·

M. Mrᵈ, à Michoux,*par Monbarus,* Lot-et-Garonne.—Nous vous adresserons chaque fois le volume paru, et vous voudrez bien nous en couvrir par un mandat postal, non par timbres-poste.

A LA BIBLIOTHÈQUE DE LA VILLE DE METZ. — Prière à M. le Bibliothécaire de nous faire savoir au plus tôt, si nous devrons continuer d'adresser les fascicules à venir à MM. Sid.. frères, libraires à Metz.

M. Frédᶜ D., à Vevey (Suisse) Envoyez : nous en ferons le meilleur profit.

M. Vᵗ, publiciste, à Montbel (Ariège). — Nous accepterions volontiers quelques-unes de vos utiles productions.

M. Su..., *à Gensac* (Gironde). — Faudra t-il vous adresser directement les autres fascicules à Gensac, ou bien par la voie de M. D..., à Bordeaux.

M. P. B..., à Libourne, et MM. R. E., U. Bᵗ à Bordeaux. — Vous avez parfaitement raison. D'un autre côté, le *Mémorial* sera rédigé de façon que tout souscripteur puisse se borner à ne prendre que les fascicules qui lui paraissent utiles. Toutefois, nous croyons que *tous* indistinctement seront dans ce cas

Le prochain fascicule traitera des progrès de la Science vinicole ; - Des vins Pyrénéens et de leur avenir prochain ; — Des grains et de leur conservation ; — des bois ; — de quelques autres procédés pour la fabrication des vinaigres ; — Des eaux-de-vie de l'Armagnac, etc. etc.

Du développement du commerce et de l'industrie. — Des sociétés coopératives de production et de consommation. — Où en est la science sur le Phyloxera ?

Des falsifications commerciales ; mesures proposées pour en arrêter le développement. — De l'agiotage.

Applications scientifiques. — Etudes — Statistiques — Faits divers — Chronique de l'Etranger, etc, etc.

Suite du tableau historique du commerce de la France.

La lettre **B** du Dictionnaire des Productions.

SOMMAIRE ANALYTIQUE

TABLEAU HISTORIQUE

DU

COMMERCE DE LA FRANCE

DEPUIS SON ORIGINE JUSQU'A NOS JOURS

420-1610

Lorsque les Francs envahirent la Gaule, ils ne songèrent tout d'abord qu'à jouir des avantages et des richesses que procurent de vastes provinces fertiles et cultivées. Ils trouvèrent dans le Gaulois un peuple industrieux, aimant la parure, le luxe, et travaillant à en accroître le développement. Ces hommes, ces barbares, que Jules César avait connus fiers et hautains, ne demandaient plus, après avoir goûté les bienfaits de la civilisation romaine, que le repos de la paix et de la sécurité. On les voit, en effet, en 451, lors de l'invasion des Huns et des Scythes, aider en désespérés les légions romaines et résister héroïquement aux chocs impétueux du colosse Attila.

Après la guerre, le Gaulois retourne au milieu de ses champs, dans ses manufactures ; ses enfants vont aux écoles de Bordeaux, de Lyon, de Marseille, d'Autun, de Vienne. Sous l'action d'une activité dévorante, son commerce est très-étendu. A partir du deuxième siècle, la richesse innonde les cités. Nîmes, Toulouse, Trèves, Lutèce, Reims, Langres, Saintes, vingt autres villes au sein desquelles l'industrie devient florissante. On voit l'ancien barbare, le vaincu de Rome, monté sur de frêles canots d'osier, recouverts de peaux de

2

bœufs, s'empressant d'aller débiter aux Iles Britanniques et aux Orcades ses humbles ouvrages en laine, en cuivre et en fer.

Les populations gauloises, établies au pied des Pyrénées, entament quelques opérations commerciales avec les provinces de la Biscaye, où séjournaient alors, non plus à l'état barbare, les Goths et les Vandales, refoulés par les Sarrasins.

Toutefois, la Gaule fut souvent agitée. Après avoir eu à repousser tour à tour les violentes attaques des Vandales, des Visigoths, des Huns, des Francs, de nouveau foulée aux pieds par ces derniers, elle tombe vaincue en leurs mains. Ses arts, ses sciences, son commerce en souffrirent.

De tous les peuples de la Germanie, le Franc était certainement le moins barbare. Il avait eu des relations avec les Romains, et les usages des populations gauloises lui étaient connus. D'ailleurs, quelques historiens ont remarqué que le vainqueur n'eut pas besoin de réduire le vaincu à la servitude pour les travaux des champs : déjà, la domination romaine avait attaché des serfs à la culture exclusive du sol. Une terre, une métairie comprenait une certaine quantité d'arpens, quelques bâtiments, des esclaves et des bestiaux. Les Francs se bornèrent donc à tirer des impôts de la nation subjuguée, et autorisèrent même, moyennant certaines conditions, l'affranchissement de l'esclave.

On dit, au surplus, qu'ils devinrent de fort bonnes gens, qu'ils prenaient leurs repas en plein vent et engageaient les voyageurs à venir prendre place à leur table. On y causait, dit un auteur, cordialement et en toute liberté : on s'expliquait avec sincérité sur toutes les choses concernant la politique et les affaires du jour ; la seule chose défendue était de parler mal des femmes.

Cette défense peut paraître singulière ; mais nous ne l'expliquerons pas. Le sujet qui nous occupe nous oblige à constater que la domination des Francs eut pour effet immédiat de réduire et de circonscrire le commerce de la Gaule. On consomme sur place ; les quelques trafics restés nécessaires ont lieu entre les cités les plus voisines.

Tel est l'état des choses jusque vers les premiers temps du neuvième siècle.

Charlemagne, justement effrayé des ravages des Normands (peuples du Nord), fait vivement nettoyer les anciens ports, en creuse de nouveaux, y jette des vaisseaux armés, dont plusieurs cependant servent au transport des marchandises. Ainsi, les Marseillais et les marchands des côtes de Toscane vont trafiquer avec les chrétiens de Constantinople et les musulmans d'Alexandrie. Ces négociants rapportent de l'or, de l'argent, et donnent, de cette manière, un grand débouché aux produits de la Provence, aux ouvrages en laine, en fer damasquiné, en verre, qui sortent des manufactures de Lyon, d'Arles, de Saintes, de Tours,

Les faibles successeurs du grand empereur ne surent pas maintenir la sécurité de leurs peuples. Aussitôt après la mort de Charles, l'Empire est démembré. La France, ouverte aux invasions des Normands, n'attend aucun secours, aucune protection d'un gouvernement qui ne subsiste plus. Nos forces navales dépérissent, puis disparaissent ; nos rois sont impuissants à les relever, même à former une armée, car les grands seigneurs se moquent impunément de l'autorité royale. Telle fut l'origine du gouvernement féodal.

Pendant ces temps de profond chaos, les Saxons, les Danois, les peuples du nord de l'Allemagne font de fréquentes descentes sur nos côtes, et ravagent le pays. On voit chaque année ces Northmans, hardis navigateurs, dont l'habileté égale le courage, venant jeter la désolation au milieu des populations riveraines de l'Escaut, de la Somme, de la Seine, de la Loire, de la Gironde. Ils brûlent Nantes et quelques autres grandes villes ; s'emparent de Bordeaux, où leurs dévastations deviennent telles que les habitants sont contraints de l'abandonner. Pendant soixante ans, ils s'implantent dans cette ville, qu'ils ne quittent qu'à la suite du traité conclu entre Charles le Simple et le chef de ces pirates.

Si par le fait de ces barbares, les contrées de l'Ouest sont réduites à la stérilité, les provinces méridionales tombent aux mains cruelles des

Sarrasins. La Provence, le Languedoc sont surtout les plus mal-traitées.

Avant de trouver les traces de sérieuses tentatives en faveur du développement du commerce, il nous faut remonter au moins jusqu'au roi Louis XI. Il est constant que, dans l'intervalle des deux époques en question, il y eut bien quelques faibles essais qu'on pourrait signaler : leur avortement subit ne permet guère de s'y arrêter. Ainsi, que restera-t-il à dire après qu'on aura mentionné les quelques opérations mercantiles qui accompagnèrent ou suivirent les opérations militaires pendant ou après les croisades?

Ces guerres furent cependant le signal d'un grand développement commercial dans les contrées de l'Allemagne. En 1222, les chevaliers de l'Ordre teutonique commencent leurs conquêtes et s'établissent dans la Prusse. Ils tirent de leurs mines des métaux ; construisent des vaisseaux ; trafiquent sur mer, et découvrent l'ambre jaune dans la mer Baltique. Ces chevaliers-marchands songent bientôt à agrandir leur territoire. Dès lors, ils arment leurs navires et vont s'emparer de vastes terrains sur la Vistule, la Livonie, la Pologne, etc. Après ces conquêtes, se forme la puissante ligue hanséatique (ligue du commerce allemand), et les principales villes confédérées sont Hambourg, Dantzic, Konisberg, Lubec, Bremen, dont les magasins reçoivent du lin, du chanvre, du goudron, des poissons fumés et salés. Hambourg devient le dépôt central des valeurs commerciales, de l'agiotage et des échanges.

En France, les troubles de l'intérieur forçaient les ouvriers et les laboureurs à la plus déplorable émigration. Ils se réfugient en Espagne où les salaires et les concessions de terres fertiles leur paraissent avantageux. Beaucoup sollicitent même du gouvernement espagnol des lettres de naturalisation. Nous sommes au quinzième siècle.

Après avoir porté les plus terribles coups à l'édifice féodal, après avoir châtié courageusement l'insolente présomption des plus grands seigneurs du royaume, Louis XI retourne ses regards vers le peuple. Il le voit malheureux, faible, craintif, et cependant il a formé le dessein de s'appuyer sur les masses vulgaires. Pour atteindre son but, il ne voit que deux mesures à prendre. Encourager, développer, protéger l'application du peuple aux travaux des champs et des manufactures ; — inspirer à ses gentilshommes, aux ecclésiastiques, l'amour des opérations commerciales. Il s'empresse donc d'assurer à ces derniers son appui, sa protection, et d'accorder aux roturiers toutes sortes de priviléges.

Quelles furent les suites de ces tentatives ?

L'histoire a le regret de constater lamédiocrité des résultats. Au surplus, la France n'avait pas de marine, ou à peu près. A l'époque des Croisades, les vaisseaux qui transportèrent les pieux chevaliers avaient été presque tous empruntés aux riches armateurs de Gênes et de Venise. On se souvient enfin, que lorsque le successeur de Louis XI, — son fils Charles VIII, — eut résolu de descendre à main armée, en Italie il s'adressa aux Vénitiens pour qu'ils lui vendissent des vaisseaux de guerre. Ceux-ci y consentirent, mais demandèrent au roi des garanties solides. Charles leur ayant offert la parole des Princes du sang et de ses plus grands seigneurs, les négociants de Venise s'excusèrent en demandant des valeurs commerciales. Ce fut Jacques Le Pelletier, riche négociant de Rouen, qui vint en aide à son roi, en donnant en dépôt des lettres de change. (1)

Ainsi il n'y avait pas de marine marchande sous Louis XI ; donc, pas de trafic sur mer. Les seigneurs, propriétaires du sol, se bornaient aux exigences de la nécessité. On s'en tient à un commerce local. Il n'y a pas d'autres progrès ; et cela persiste jusqu'aux beaux jours du règne de François 1er. (1515).

Sous Charles VIII arriva un événement important. Il y avait alors un homme qui, ayant profité des lumières scientifiques que vulgarisait

(1) Et dire que, durant des siècles, la Noblesse de France n'eut pour les hommes du commerce que dédain et mépris ! Ces préjugés ont été funestes au pays. On aurait dû se souvenir que, sans le secours de Le Pelletier, le roi Charles n'aurait pu obtenir des vaisseaux; que, sans l'aide de deux négociants espagnols, Christophe Colomb n'aurait pas découvert l'Amérique.

le Portugal, se convainquit, sur l'examen attentif de notre hémisphère, qu'il devait y en avoir un second tout au moins aussi important. Enfant de Gênes, il s'adressa d'abord à sa patrie et fut repoussé.

Il soumit ses vues et ses plans au Roi de France ; mais notre monarque était trop pauvre. L'Anglais le traita de rêveur ; le Portugais le rebuta ; l'Espagne seule l'accueillit.

La cour de Ferdinand était pourtant fort peu en état de faire des dépenses extraordinaires. Il fallut que Christophe Colomb sollicitât pendant huit longues années. Le roi d'Espagne eut alors recours au prieur Pérez et à deux gros négociants du pays, qui avancèrent 17,000 ducats pour les frais de l'armement. Colomb partit et l'Amérique fut découverte. (1492-93).

Dès ce moment, l'Espagne nage dans l'or et l'argent. On a dit que dans l'espace de cent-vingt ans, cette nation tira plus de cinq milliards de piastres d'Amérique. Il faut ajouter à ces trésors les denrées, les épiceries, les merveilles qui furent trouvées dans ce nouvel Eden.

Toutes les puissances européennes pensèrent participer à tant de richesses. Le Portugal qui, peu de temps auparavant, avait eu le bonheur d'exciter l'envie de ses voisins en doublant le Cap de Bonne-Espérance, le Portugal dirigea ses navires vers les terres nouvelles. La France elle-même ne voulut pas être en retard. En 1503, un modeste armement est tenté par la ville de Rouen, sous le commandement de Gonneville. De violentes tempêtes qu'essuye la petite flotte l'obligent à regagner l'Europe promptement.

Malgré ses longues guerres au dehors, François, le Père des lettres, aurait bien voulu profiter des bienfaits de la découverte de Colomb. Sous ses auspices des navigateurs français s'ouvrent un passage au nord de l'Amérique et soumettent le Canada. Il envoie aussi des vaisseaux dans la Floride (1517) ; mais le jaloux Charles-Quint ordonne que l'on fasse main-basse sur les nouveaux colons. D'ailleurs, à cette époque, l'Espagne et le Portugal régnaient en souverains sur les mers du nouveau continent. Tirant des impôts très-élevés sur les articles importés dans ces nouvelles contrées, ces deux nations vendaient à des prix excessifs les marchandises qu'elles en exportaient — Plus d'une fois les sujets du roi de France réclamèrent vivement pour que la liberté des mers fut proclamée, et François s'écria un jour : « Je voudrais » bien qu'on me montrât le testament d'Adam, notre père, pour y voir » s'il a légué l'Amérique à l'Espagne et au Portugal. »

Mais toujours malheureux dans ses guerres contre le puissant Charles-Quint, il ne pouvait demander davantage.

Son peuple se borna donc à des relations avec l'Allemagne, le Danemarck, la Suède, la Norvège, les côtes de Barbaries. Le Français exportait du vin, du blé, des figues, des olives, de l'huile, de l'alun, des prunes, des laines, du savon, des grains, des merceries, du miel, les fruits de la Provence, etc. — Il importait de l'or, de l'argent, du fer, de l'acier, du vitriol, de l'orge, des bois de construction, des pelleteries, des cuirs, du suif, de l'ambre, des viandes fumées et salées, de la poix, du sel, etc.

Nous transportions en Espagne des toiles, des sardines, du poisson salé, du papier, des cartes à jouer, de la quincaillerie, des grains, tous les produits dont nous faisions l'échange au nord du pays. Nous tirions, en retour de ces placements, des vins de liqueur, du liège, des dattes, des oranges, de la soie, des armes, de l'or et de l'argent.

Enfin, nous trafiquions également avec tous les ports de l'Angleterre.

Il n'est certainement pas sans intérêt d'indiquer ici l'ère commerciale de cette grande nation.

Occupé tour à tour par ses guerres sur terre et sur mer; attaqué par les Normands, dont il était d'ailleurs le compatriote, l'Anglais négligea longtemps de s'adonner aux opérations mercantiles. Voltaire et quelques autres anglomanes ont voulu exalter la gloire d'Alfred le grand, en disant qu'il possédait la langue latine et faisant même des vers en anglo-saxon ; pour nous, qui ne portons pas à l'étranger cet enthousiasme aveugle, nous ne considérons Alfred que comme le digne devancier de Rollon, ce pirate habile et courageux, qui sut se faire douner, de la main de Charles III, une fille de France, la Normandie et la Bretagne. Alfred sut soumettre ces Normands qui nous désolaient naguère et dont il fit des Anglais : Rollon dompta tout un peuple de ces mêmes Normands, dont il fit d'abord des sujets Français, puis des Anglais. Son descendant Guillaume conquit l'Angleterre en 1066.

Ce ne fut que sous le règne de Henri VII que les populations anglaises connurent les bienfaits de l'agriculture et du commerce. Henri fut presque honteux de voir ses voisins s'enrichir par le travail et les transactions.

Dans ce temps-là prospéraient, en Flandres, de brillantes manufactures de draps, qui tiraient des Anglais les matières premières. Henri résolut de faire fabriquer dans son propre pays. On voit d'ici quelle dut-être la gêne des Flamands : ils payèrent fort cher ce qu'ils obtenait naguère pour des sommes modiques, ou plutôt en retour de leurs draps renommés. Il fut longtemps avant que les Anglais pussent atteindre au degré de perfection que leurs rivaux apportaient dans leur travail. Néanmoins, le roi d'Angleterre dit un jour à sa mère : « Non- » seulement l'argent du royaume restera, mais j'y attirerai celui de » toutes les contrées du monde. » Pour arriver à ces fins, il empêcha la sortie de l'argent monnayé, et força ses sujets à ne vendre leurs marchandises qu'en retour des matières d'or et d'argent. Si l'on achetait au dehors, c'était en échange d'articles anglais qu'on ne pouvait exporter que sur des navires anglais. — Voilà jusqu'où allait la protection royale accordée au commerce et à l'industrie. On a dit, dans le temps, que cette protection fut la source des richesses du peuple de Henri : nous ne croyons pas que ces mêmes mesures, employées de nos jours, permettraient d'atteindre de tels résultats. Ce serait plutôt la ruine d'une nation présomptueuse à ce point.

C'est ainsi que, sous François 1er, les Anglais nous vendaient des serges, des draps, des étoffes de soie, des rubans, de l'étain, du plomb, du charbon de terre, des ardoises, des *vieux* souliers. — Ils prenaient en retour du vin, des toiles, du blé, des denrées, des fruits, du sel, des cartes, des olives, de l'huile, du papier, des citrons, des pastels, de la quincaillerie.

Telle était la situation de notre commerce pendant les premières années du seizième siècle.

Henri II arrive au trône et épouse Catherine de Médicis, descendante d'une famille illustre qui ne devait son nom qu'à la fortune du commerce. Côme de Médicis, après avoir été négociant-armateur, ayant enrichi sa patrie, fut élevé à la première dignité de la République de Florence.

La jeune princesse fut suivie en France par un essaim d'artistes et de financiers Florentins, qui, tout d'abord, mirent en faveur les progrès acquis par les grandes cités de l'Italie septentrionale. Les financiers de Florence savaient calculer, si bien calculer qu'ils inspirèrent chez nous une haine égale seulement à l'empressement que nous mettions à solliciter leurs services. C'était l'usure excessive, qu'ils pratiquaient impunément, que les emprunteurs ne savaient pas leur pardonner. On sait cependant que nos banquiers s'efforcèrent, dès qu'ils le purent, d'exercer rigoureusement de très-fidèles représailles. C'est ainsi que nous sommes faits : vaincus ou vainqueurs nous nous plaignons sans cesse.

Il faut le dire, l'introduction, au milieu de nous, de ces artistes et de ces financiers ne fit faire aucun pas au commerce. Les objets de luxe se fabriquaient sur une vaste échelle ; mais on négligeait les productions du sol. Nous avions en quantité des bracelets, des colliers, des miroirs, des milliers de riens, faits en os ou en ivoire, et nous manquions de blés. Il y eut disette fréquente. Le commerce par eau nous ayant été interdit, (notamment lors du traité de Vaucelles,) nous ne savions sur quel point de l'Europe nous pourrions débiter nos œuvres d'art, ces bagatelles en os et en ivoire, dont aucuns faisaient fort peu de cas.

Dans le cours de l'année qui précéda celle où se fit la trêve de Vaucelles, soit en 1555, Villegaignon, chevalier de Malte, avait fondé une colonie tout près de Rio-Janeiro, au Brésil, sous la protection alors es-

3

timée de l'Amiral de Coligni. Ces deux chefs étaient protestants.
Désireux d'épargner à la France le fléau des conflits religieux, ils
imaginèrent d'incorporer, parmi les colons, beaucoup de leurs co-
religionnaires. Ce mélange causa des troubles sérieux dans l'établissement, qui, au bout de trois années d'existence, passa aux mains des
Portugais. C'était notre seule colonie.

Nous devons maintenant dire quelques mots sur nos moyens de
transport, sur les impôts, sur ces diverses choses qui facilitent ou enrayent les transactions commerciales des nations.

Depuis les Gaulois jusque vers le milieu du XVIIᵉ siècle, aucun de
nos rois ne pensa sérieusement à sillonner le royaume de routes si précieuses, si nécessaires à la rapidité des communications. A part quelques voies souvent fréquentées, les grands chemins des Gaulois dispa-
rurent bientôt sous la ruine des temps et l'intensité d'une végétation
sauvage. C'était à travers des champs labourables qu'il fallait voiturer.
Le sol inculte n'offrait alors que marais, rocs, fange, forêts impraticables, broussailles entremêlées d'arbustes. Et comme on avait souvent
à franchir des côtes arides, des montagnes même, c'était à dos de mu-
let que se faisaient les transports du commerce.

Quand aux impôts, ils étaient nombreux et pesants. Les taxes sur le
commerce étaient perçues sur les frontières militairement et arbitrai-
rement. C'était aussi le commerce qui supportait tous les frais de la
marine de guerre. Les tailles (impôts sur les roturiers) étaient montées,
sous Henri III, à plus de trente-trois millions de livres, somme fabu-
leuse pour l'époque.

Les principaux marchands, les financiers se plaisaient assez à entraver le cours du petit commerce. Ils monopolisaient, sans cependant
vouloir rien faire pour combler les besoins du royaume. Ils accapa-
raient et spéculaient ensuite sur la misère du peuple. L'escompte des
traites s'élevait à un taux excessif : les finances se trouvaient dans
les mains de l'usure éhontée. Il fallait donc trafiquer à tout prix. Quel
spectacle ! Les choses en sont à ce point que, à peine mûr, encore
vert, le blé est exporté en Espagne. Mais la cour du roi était brillante :

elle s'étourdissait chaque jour dans l'ivresse des plaisirs et des fêtes somptueuses. Eh bien! tandis que Henri pressurait ainsi son peuple, il faisait remettre à son mignon, le duc de Joyeuse, 3 millions 600 mille livres en présent de noces; et un jour, pressé d'expédier une dépêche importante, il ne trouvait pas vingt misérables écus dans les coffres de l'état!

« Suivant Fromenteau, l'auteur du *Secret des finances*, on leva, de 1548 à 1580, environs 4 milliards 750 millions de livres. Charles IX et Henri III vendirent dans la seule province de Bretagne des exemptions d'impôt pour 400,000 francs. (1) »

Tous ces faits, (qui peignent bien la plus affligeante situation), aussi bien que la vue des richesses de nos voisins font naître chez tous les Français cette soif de l'or, ce désir de trafiquer, qui tout-à-coup les embrasent et les invitent à demander à Henri III une marine marchande. C'était demander l'impossible. Ce malheureux prince, ne pouvant mieux faire, s'empressa d'accorder sa protection et de composer des règlements.

Il était réservé à son successeur de répondre plus favorablement aux vœux de la nation. Henri IV, aidé de son ministre Sully, commence

(1) Quelques fragments d'une lettre adressée à Sully, par Henri IV, — au moment où ce prince prenait possession du trône de France, — feront amplement connaître les conséquences du désordre qui s'était introduit dans les finances du gouvernement de Henri III :

« L'estat où je me trouve reduit est tel, que mes chemises sont toutes déchirées, » mes pourpoints troués au coude. Ma marmite est souvent renversée, et depuis deux » ans je dine et soupe chez les uns et les autres; mes pourvoyeurs disant n'avoir » plus moyen de rien fournir pour ma table; d'autant qu'il y a plus de six mois » qu'ils n'ont reçu d'argent. Pourtant, jugez si je dois souffrir que les financiers et » tresoriers me fassent mourir de faim et qu'eux tiennent des tables friandes et » bien servies.

» ... L'on m'a donné pour certain que ces huit personnes que j'ai mise en mes » finances, ont bien encore fait pire que leur devancier, et qu'en l'année dernière et » la présente que j'ay eu tant d'affaires sur les bras faute d'argent, ces messieurs-là » et cette effrénée quantité d'intendants, qui se sont fourrés avec eux par compère » et commère, ont bien augmenté les grivelées, et, mangeant le cochon ensemble, » consomme plus de quinze cent mille escus, qui estoit chose suffisante pour chas- » ser l'Espagnol de France. »

par faire remise au peuple d'un arriéré de vingt millions. Ensuite il diminue les impôts, et anéantit par un arrêt toutes les concussions des percepteurs de l'époque. Enfin, il tourne ses regards vers l'industrie et le commerce.

Sully méprisait l'industrie : il se souvenait du luxe brillant des règnes passés, qui dissimulait si mal les misères du pays. Il s'écriait : « Le labourage et le pâturage sont les deux mamelles dont la France est alimentée, et les vrais trésors du Pérou. » Son amour pour l'agriculture était si grand, qu'il allait jusqu'à ne vouloir pas approuver les expéditions lointaines et la colonisation. Dans une lettre qu'il adressait au Président américain Jeanin, on l'entendit déclarer que la conservation et la possession des conquêtes d'outre-mer sont choses « disproportionnées au naturel et à la cervelle des Français. » Il est un fait constant, c'est que la France, — même de nos jours, — n'excelle pas dans l'art de la colonisation. Ce n'est pas donné à tous les peuples, il est vrai, de pouvoir sur ce point imiter les Anglais.

Le Roi n'était pas aussi exclusif que son illustre ministre : il savait bien que l'agriculture, l'industrie et le commerce sont trois sœurs qui marchent de concert. Sur ses ordres, 50,000 mûriers sont plantés dans la Capitale (1601); il relève les manufactures de Lyon, il fonde des fabriques de verre et de faïence à Nevers et à Paris. Sully décrète l'assainissement des marais, proclame la libre exportation des grains et prohibe le déboisement du sol. On conclut des traités de commerce avec la Hollande et l'Angleterre; on colonise au Canada, où l'on fonde la ville de Québec, et le commerce d'Orient est rendu à la France.

C'est l'époque à partir de laquelle doivent être suivis attentivement les progrès de l'agriculture. Un grand agronome, Olivier de Serres, popularise par ses ouvrages le goût, les vrais préceptes de la culture et de l'économie rurale, sciences seulement soupçonnées jusqu'alors par la routine.

La navigation, longtemps négligée, reprend enfin faveur parmi nous. On construit des vaisseaux et l'on ouvre le canal de Briare (1604). C'est aussi dans le cours de cette même année que Henri IV établit

une compagnie des Indes-Orientales, avec un privilège de quinze années. Elle eut peu de succès. On tentait enfin de coloniser Madagascar,
en Afrique, lorsque la mort du Monarque vint jeter les Français dans
le deuil et les regrets.

CH. LOZES.

NOTE : — L'abondance des matières qu'il nous faut traiter dans ce volume, nous force à remettre, au prochain fascicule de cette publication, la
suite de ce *Tableau historique du Commerce,* qui prend d'autant plus d'intérêt
que les faits se rapprochent des XVIII° et XIX° siècles.

ÉTUDE

SUR LES

MOYENS PRATIQUES DE DÉVELOPPER LE TRAVAIL

ET DE

MULTIPLIER LES TRANSACTIONS COMMERCIALES

Nul n'ignore jusqu'à quel point les terribles événements de 1870-71 ont directement ou indirectement porté atteinte aux intérêts matériels de nombreuses nations. On avait pu penser que là France seule serait mortellement frappée par ces funestes catastrophes : on s'était trompé. Les conséquences désastreuses qui devaient découler de nos malheurs, ont évidemment créé au commerce et à l'industrie des grands centres, une situation grosse de difficultés et de regret.

Déjà, depuis 1861, la guerre de sécession américaine avait rendu languissante la marche des transactions européennes. On sait même combien New-York, cette place du commerce universel, a perdu de sa haute importance. Mais on ne saurait en être surpris, lorsqu'il s'agit que les États-Unis ont encore aujourd'hui une circulation de plus de trois milliards en papier-monnaie.

S'il fallait donner des preuves de l'influence fatale qu'ont exercée sur les grandes places d'affaires, les funestes événements
que nous venons de rappeler, nous ne les chercherions pas ailleurs que dans cet immense concert de plaintes, d'embarras, qui,
même à l'étranger, se convertit en appels au crédit sous les formes les plus variées. Les statistiques successives qui ont été pu-
bliées sur le mouvement des échanges entre les plus grandes
nations, prouvent suffisamment que les points où la paix a régné,
ont même éprouvé une gêne dont chacun pourrait expliquer
l'origine

Il ne dépendra pas de la France, croyons-nous, que cette situation ne change au plus grand profit de tous ; et il est cu-
rieux de constater, en ceci, avec quelle fièvre d'impatience et
d'agitation elle rassemble ses lumières et ses efforts pour tenter
de relever, au plus tôt, ses forces éprouvées. Dans ce grand
mouvement, chacun veut avoir sa part d'action, parce que chacun souffre de l'état actuel des choses.

Tout d'abord, c'est le gouvernement qui, en dehors de ses attributions politiques, prend l'initiative d'étudier les moyens pratiques capables de développer le commerce extérieur. Une commission d'enquête a été instituée. Formée d'hommes compétents,
elle ne négligera pas d'examiner toutes les questions qui peuvent nous rendre accessibles les contrées les moins connues et
les moins exploitées. Des traités de commerce ont été conclus ;
d'autres sont mis à l'étude. Enfin, l'Etat essaie de coloniser; il
a jeté les yeux sur l'Australie, et voici déjà quelques établisse-
ments qui s'élèvent à Nouméa. Toutefois, il faut le dire, nous

avons besoin de beaucoup penser à nos autres colonies, qui,
— bien que suivant la voie du progrès, — coûtent énormément
à la mère-patrie. Nous croyons cependant qu'elles sont d'âge
à se suffire elles-mêmes : leurs ressources sont considérables.
Il faut donc espérer que la commission d'enquête abordera har-
diment les mesures nécessaires à la proclamation de leur majorité.

Quand à l'initiative privée, elle a des raisons plus intimes encore pour ne pas rester en retard. Elle est des plus actives. On
s'occupe avec raison de multiplier nos relations internationales.
De nouvelles lignes de vapeurs doivent bientôt sillonner les
mers. Il va de soi que ce sont-là des projets d'une utilité
réelle (1). On se prépare également à la construction d'un tunnel
sous-marin entre la France et l'Angleterre. La création de
nouveaux chemins de fer est l'objet de l'attention publique (2).
Enfin, il n'est pas jusqu'à d'intrépides chercheurs qui ne se pro-
posent de pénétrer dans des contrées presque impraticables, pour
tâcher d'y rencontrer de nouveaux éléments de richesses. Nous
faisons allusion à la personne qui vient d'ouvrir une souscription
tion, à l'effet de couvrir les dépenses présumées d'un voyage
sous le ciel brûlant du grand désert de Sahara. Le commerce
pourrait bien ne rien gagner à cette expédition ; mais à-coup sûr
la science n'y perdrait pas.

Si, à ces nobles efforts, on ajoute l'action salutaire des chambres de commerce, ainsi que celle non moins bienfaisante des

(1) Voir aux Notes qui suivent cette étude ; on agira ainsi pour tous les
autres renvois.

4

corps constitués, des autorités départementales et communales; si l'on remarque, enfin, avec quel admirable conviction tout notre monde de savants et d'écrivains, d'économistes, de publicistes, de journalistes, s'empressent de traiter, selon leurs lumières et leur autorité, des moyens plus ou moins prompts de hâter, chez nous, la résurrection du travail et des transactions commerciales, on se trouvera en face d'un tableau harmonieux, d'une scène magique, où tous les éléments constitutifs semblent ne vouloir concourir qu'à l'unité la plus parfaite.

Cela est vrai.

Il n'y a point lieu, sans doute, d'être surpris de l'activité dévorante dont fait preuve la grande majorité de nos compatriotes. Ceux-là savent bien aujourd'hui que c'est par la force des poignets que le pays parviendra à se dégager de la situation critique préparée par les événements. Pour reprendre pied dans le mouvement des affaires commerciales, nous avons besoin d'apporter dans nos procédés, dans nos agissements, un degré de perfection que recherchent, d'abord, les nations avides de bienêtre. Il nous faut, a-t-on dit, « de nouveaux bassins à flot, des cales de radoub, des docks bien disposés, dans certains cas des digues à la mer. » Devant ces besoins presque impérieux, le gouvernement dit au Commerce :

« Aide-toi, le Ciel t'aidera. »

C'est que l'Etat, en effet, se trouve dans l'impossibilité la plus légitime de pouvoir s'occuper pour longtemps des travaux, des mesures de perfectionnement réclamés par les circonstances.

De lourdes charges incombent au Trésor ; et l'on sent tous les jours à quels terribles impôts il a fallu recourir.

Dans la *Revue des Deux-Mondes,* du 1ᵉʳ Août, une plume autorisée (3) a critiqué les nouveaux impôts, et déclaré qu'on eut dû se dispenser de frapper certaines marchandises qui ne peuvent plus entrer maintenant dans la circulation du commerce. Cette observation est judicieuse, et ce n'est pas nous, — nous, partisans d'un impôt qui ne saurait avoir de si cruelles conséquences, — ce n'est pas nous qui la contesterons. Néanmoins, il faut se rendre compte de toutes choses. Il faut se représenter toutes les exigences qui se pressaient, récemment encore, autour de la France épuisée et chancelante. Ne pouvait-on s'empêcher d'aborder les seuls moyens qui s'offraient au Trésor comme devant répondre sûrement à la nécessité ?

Cela dit, rien n'empêche cependant d'éclairer le Pouvoir sur les errements qui nuisent à la fois aux intérêts du pays et aux finances de l'Etat. Il est, à notre avis, des impôts (4) dont la perception, estimée à vingt pour cent environ, suffirait à couvrir l'impôt sur le sel, par exemple. Et, d'autre part, il est certains déplacements de taxes qu'on pourrait opérer sans nuire aux exigences du budget. Nous avons parlé du sel ; l'impôt qui le frappe a, de tout temps, paru impopulaire : peut-être serait-il plus justifiable, ou du moins plus supportable que bien d'autres. M. Michel Chevalier pense qu'on aurait pu imposer cette substance de deux décimes, ce qui aurait donné au Trésor environ soixante-cinq millions (5). Le même économiste fait observer que *le principal* de l'impôt foncier a diminué de moitié, depuis 1790,

« pendant que le revenu territorial triplait en moyenne, et dans certains cas décuplait. » C'est encore-là une remarque exacte.

En 1790, l'impôt foncier donnait *en principal :* 240 millions ; en 1873, on l'a inscrit au budget pour la somme de 169,300,000 francs.

Sans avoir le fanatisme de cet impôt, qui, comme tant d'autres, frappe indirectement la production ; on pourrait bien demander, ce nous semble, la révision scrupuleuse des opérations du cadastre. Ce serait certainement un grand bien, si cette révision pouvait amener l'allégement des impôts sur les boissons (6).

Le titre même de cet article ne laisse guère entendre que nous pensions nous livrer à l'étude critique du nouveau système financier du pays. Notre intention, en effet, n'est point de vouloir nous donner en réformateurs de mesures contre lesquelles on ne peut justement s'élever, puisqu'elles ont été commandées par des circonstances exceptionnelles ; nous nous bornerons donc à demander seulement la permission de former des vœux pour la diminution des taxes qui régissent les moyens de communication du commerce : nous parlons des taxes de la poste et du télégraphe, deux services indispensables qui doivent leur importance et leur développement au mouvement même des affaires commerciales (7). Nous sommes d'autant plus à l'aise dans cette réclamation, que selon nous, une diminution sensible de ces taxes aurait pour effet de produire un utile développement d'affaires, de travail, et un plus gros flux de recettes dans les coffres de l'État.

En dehors de ces déplacements d'impôts ou de taxes, — car nous disons ainsi pour toutes les modifications qui seraient profitables au commerce, sans devenir une cause perturbatrice pour les finances de l'État, — en dehors de ces modifications, disons-nous, que peut-on demander au gouvernement, qui ne lui coûte à peu près rien? Eh bien, d'abord, des traités de commerce; une grande sollicitude pour les intérêts du travail et des échanges; des révisions de règlements, tendant à abréger, sinon à supprimer certaines formalités administratives qui, trop souvent, entravent les transactions internationales. Demandons-lui de traiter diplomatiquement les tarifs douaniers de certaines puissances, avec lesquelles nous avons des traités de commerce à cet égard mal partagés. Ainsi, nous avons conclu dernièrement un traité avec la Russie; mais les tarifs si élevés des douanes russes ne rendent la convention avantageuse que pour cette puissance seulement. Il est donc urgent d'éclairer sur ce point la diplomatie du gouvernement français : un tel avertissement portera ses fruits.

Pour les travaux publics, pour la multiplication des voies de communication, il ne faut rien attendre de l'État, ainsi que l'a fort bien remarqué l'économiste distingué que nous citions tout-à l'heure. Au surplus, cette situation a été comprise et partagée des autorités les plus compétentes. Les villes de Dunkerque, de Gravelines, etc., les Chambres de commerce de Marseille, du Hâvre, de Bordeaux, par exemple, se sont empressées d'offrir à l'État des avances sérieuses pour achever les travaux en cours d'exécution. Il faudra bien aussi que ces mêmes corps constitués songent un jour à de nouvelles entreprises qui ne peuvent plus souffrir de longs retards. Ainsi, les tarifs élevés des chemins de fer font reporter l'attention publique sur l'état de notre navigation intérieure. Il y a certains fleuves qui ont besoin de toute la sollicitude de l'art ; les canaux sont peu faits pour offrir des avantages au transport de marchandises. Ce sont-là des dépenses à faire ; elle deviennent indispensables : qui donc devra les aborder ?

Nous n'énumérerons pas toutes les choses qu'il reste à réaliser, tout ce qu'on a d'efforts à déployer. Ce sont moins les intentions dévouées, les vues intelligentes, la volonté, l'énergie, qui manquent à nos concitoyens, que la certitude des moyens à employer. Or, notre unique pensée, en commençant cette modeste étude, a été de signaler au monde du travail et des échanges, deux de ces précieux moyens, qu'on nous pardonnera sans doute de regarder comme deux puissants leviers. Avant de les exposer au jugement du lecteur, il nous a fallu rendre compte de la situation qui est faite au commerce et à l'industrie. Ce compte-rendu, nous l'espérons, aura au moins entouré nos deux règles de l'importance et de l'opportunité qu'elles paraissent pouvoir revendiquer.

Entamons maintenant notre sujet.

C'est par le travail et l'économie que nous devons rétablir les affaires et relever les forces du pays. Quand un commerçant a éprouvé des pertes sensibles, se demande M. Michel Chevalier, que se propose-t-il de faire pour les réparer ? — Multiplier son travail, et diminuer ses frais : voici la réponse. C'est bien-là, en effet, notre avis. Mais la situation que nous venons d'exposer étant acquise et ne pouvant changer, pense-t-on qu'il suffit d'exhorter au travail pour que les affaires prennent de la recrudescence? Ehnon! si l'on veut voir les échanges se multiplier au dehors, si l'on veut constater un développement de production au dedans, le même état de charges existant, il ne faut plus voir de progrès qu'à la suite de modifications auxquelles peu de gens pensent.

Si l'on veut développer la production et les transactions, il faut essentiellement diminuer le prix des marchandises.

Comment peut-on y parvenir? .

1° En faisant produire davantage le travailleur et la machine;

2° En évitant autant que possible les intermédiaires, et en développant le crédit dans les centres de production.

Ce sont-là, certes, des questions qui exigent un certain développement, si nous ne voulons pas qu'elles soient repoussées avec colère, de celui que nous venons de mettre en jeu : du travailleur. Nous allons nous exécuter de fort bonne grâce; toutefois, établissons d'une manière plus pratique les deux moyens que nous recommandons, en leur donnant pour formules :

1° *Alimentation à bon marché, d'où accroissement de forces productives;*

2° *Création de Sociétés coopératives de crédit, d'où multiplication et perfectionnement de l'outillage, des machines et de tous les autres appareils du travail; puis avances accordées à la production.*

Déjà, la première formule aura fait réfléchir celui dont nous aurions pu redouter les reproches. Il ne s'agit pas, en effet, d'exiger du travailleur une somme de travail au-dessus de ses forces; mais simplement de restaurer ses forces, et de les mettre en état de produire deux fois plus qu'elles ne le font. En un mot, il s'agit de nourrir l'homme à peu de frais ; mais de le bien nourrir pour donner ensuite à ses bras une somme de force productive que la science expérimentale nous assure d'avance.

Nous n'avons pas à nous appesantir sur cette vérité, qui, déjà, a donné des preuves irrévocables que nous pourrions aller chercher chez nos voisins d'Outre-Manche et ailleurs (8). Un article spécial, que nos lecteurs trouveront dans ce volume, mettra suffisamment en lumière l'influence que peut avoir l'alimentation à bon marché sur l'ensemble des productions agricoles, manufacturières et commerciales d'une nation. Bornons-nous donc à préciser que c'est en doublant les forces productives que l'on doublera les produits. Il est même permis d'ajouter que l'abondance des substances alimentaires pourra, seule, faire diminuer les salaires, dont l'augmentation est en proportion directe de l'augmentation du prix des aliments.

En vérité, serait-il sage de s'arrêter à ces derniers mots? — Nous entendons bonne partie de nos lecteurs s'écrier : L'alimentation à bon marché?... mais c'est-là la pierre d'achoppement! c'est-là le problème du siècle!

Ce qu'on nous dit ici est si peu vrai, que ce problème est encore, contre toute apparence, celui dont on recherche le moins la solution. La preuve, c'est qu'on néglige de plus en plus la culture du sol. Il n'y a peut-être pas de pays qui offrent plus de ressources agricoles que notre France; et cependant que de gens les méconnaissent! La routine, les préjugés s'implantent chez nous avec tant d'opiniâtreté, que c'est à force de temps que nos cultivateurs se décident à profiter des bienfaits de la science. Tandis que nos voisins emploient des machines qui épargnent l'application humaine et rendent trois ou quatre fois plus que les bras du travailleur, nous voyons nos paysans s'obstiner à vouloir faire tout par leurs mains, et ruiner à la fois leur bourse, leur santé et la richesse du pays.

Hélas! nous savons bien que, dans beaucoup d'endroits c'est le crédit, ce sont les avances qui manquent. Il faut, à la campagne, des fonds de roulement que ne possèdent pas nos petits agriculteurs. La privation de ces avances porte le plus grand tort au résultat de la culture. D'après M. G. Ville, les productions agricoles diminuent régulièrement tous les ans : le déficit annuel des denrées, pour la période de 1857 à 1860, aurait été de 224 millions. Nous regrettons bien de n'avoir pas à notre disposition une statistique plus récente; quoi qu'il en soit, ces chiffres sont assez éloquents pour s'imposer à notre attention. On gémit sur ces pertes, lorsqu'on songe « que (9), dans beaucoup de départements, la consommation du blé atteint à peine 50 litres par habitant et par année. » On gémit davantage, quand on sait que ces êtres si mal nourris, des cultivateurs généralement, sont les premiers instruments de la richesse et du bien-être du pays.

A notre avis, le meilleur moyen d'éviter les déficits annuels

5

des produits agricoles, c'est de multiplier les forces productives, et de développer les institutions de crédit (10). Il faut aussi encourager le travailleur; il faut donner des bras à l'agriculture : il faut enfin lui offrir les meilleures machines et tous les récents appareils du progrès.

Quand on passe en mémoire toutes les découvertes faites par la science moderne, on est désagréablement surpris de voir toute l'insouciance qui règne autour des faits acquis, alors que l'étranger se hâte, avec tant de raison, de tirer parti de tout.

Le journal scientifique *les Mondes,* disait, il y a quelque temps, combien parait étrange notre conduite à l'égard des ressources que nous offre la pisciculture (11), tandis que la viande de boucherie est, pour bien des gens, tout-à-fait inaccessible. On verra ailleurs que des Anglais et des Américains s'occupent très-activement du transport lointain des viandes fraîches. Enfin. il est des milliers de sortes de conserves qu'on pourrait utilement répandre à profusion et à bon marché. Tous ces éléments de reconstitution ou de bien-être sont ignorés ou méconnus, le plus souvent dédaignés.

Dédaignés : pourquoi? Ces applications paraissent-elles impossibles? Non ! on ne les dédaigne, chez nous, que parce que nous sommes enthousiastes de théories, et hostiles aux mises en pratiqu ? — En veut-on un exemple?

Depuis bien des années déjà, chacun se plait à exalter la création des sociétés coopératives; celles qui existent ont donné de bons résultats : eh bien, quel est leur nombre ? Deux cent cinquante, tout au plus.

Au reste, ce qui leur manque, c'est l'appui de capitaux suffisants, qui leur permettent de développer la production en raison des forces productives qu'elles ont à leur disposition. Les sociétés de consommation, en vérité, réussissent beaucoup mieux que celles qui ont pour objet la production. N'est-ce pas une nouvelle preuve de la nécessité où nous sommes de travailler tous à multiplier les aliments de prix modiques ?

Avant de résumer toutes les considérations que nous avons émises en faveur de l'action si puissante des deux règles dont nous proposons l'adoption, ou plutôt la mise en pratique, nous allons insister sur certains faits qui prouvent que, s'il est des *intermédiaires* indispensables, pas trop n'en faut toutefois, lorsque ces mêmes agents ne sont capables que d'augmenter, par le prix de leurs services, la valeur des substances alimentaires destinées aux classes laborieuses. Aucune démonstration ne nous rendra sur ce point, plus intelligibles que les deux exemples suivants :

Une fois que je me trouvais de passage à La Rochelle, dit M. A. Toussenel, dont néanmoins les vues économiques ne sont pas nôtres (12), je vis un rassemblement de femmes qui tentaient d'accaparer toutes les voitures publiques et offraient aux conducteurs de doubler les prix ordinaires pour les conduire à Rochefort. M'étant informé auprès de l'une de ces femmes des motifs du rassemblement, il me fut répondu qu'une cargaison

de fromage de Hollande avarié devait être mise en vente dans
ce dernier port, le jour même..... Ces sortes de ventes, ajoutait
l'interlocutrice, donnent gros à gagner pour l'épicerie au détail. « Ce fromage avarié, on va nous le donner à 60 et 70 centimes le kilogramme, et nous le revendrons 2 fr., en détail. »

Maintenant empruntons à l'almanach scientifique de M. Paul
Laurencin, la conclusion émise à la suite d'un article fort inté-
ressant sur la production annuelle des cressonnières qui entou-
rent la Capitale : « L'alimentation des marchés de Paris exige,
actuellement, l'entretien d'un millier de fosses, produisant chaque année neuf millions et demi de bottes, vendues à la halle,
par un facteur spécial, au prix moyen de quarante-cinq centimes la douzaine de bottes. Ce prix est bien minime sans doute,
mais il est bon d'ajouter que *la rapacité des intermédiaires*,
les faux frais de toutes sortes qui surchargent cette denrée alimentaire, comme du reste toutes les autres, l'élèvent à
quatre fois son chiffre en gros. Ainsi, tandis que les producteurs vendent la totalité de leur récolte environ trois cent soixante mille francs par an, les intermédiaires la cèdent aux
consommateurs pour un milion quatre cent mille francs. »

Il est facile de déduire maintenant les déplorables conséquences de ces deux faits. C'est le travail qui est ainsi imposé ; c'est
le produit du travail qui est ainsi soumis à « la rapacité » d'un
trop grand nombre d'intermédiaires. Forcé d'augmenter les salaires, le manufacturier se voit ruiné : il ne peut plus soutenir
la concurrence de l'étranger. A bout de force, il ferme un jour
son établissement ; mais que de gens y perdent ! Pour le main-

tenir à la tête d'une fabrique qui contribue à procurer à ses concitoyens, à son pays, du bien-être et des richesses, parlera-t-on d'augmenter, de protéger les produits étrangers ?.. parlera-t-on de diminuer les impôts ?.. Ces conseils ne sont plus de mise aujourd'hui : il est inutile de dire ou de répéter pour quelles raisons.

Le seul moyen pratique que le manufacturier, ou le cultivateur, ou le négociant ainsi éprouvé puisse efficacement employer, c'est ou la diminution du salaire (3) de ses ouvriers, ou la multiplication de ses produits, sans augmentation de frais, de temps et de personnel. Ces deux conditions ont entre elles des rapports si intimes, que la première découlera infailliblement de la seconde.

Nous nous résumons.

Pour doubler le rendement des produits du sol et de l'industrie, il faut imiter l'Anglais, le Belge, l'Allemand : il faut nourrir le travailleur; il faut accroître en lui les forces productives.

Pour diminuer le salaire de l'ouvrier, pour pouvoir lutter concurremment avec les plus grandes nations, dont nous en envions les ressources, il faut offrir à l'homme, à sa famille, un état de bien-être qui coûte peu à acquérir.

En un mot, pour obtenir les résultats poursuivis, l'*alimentation à bon marché est nécessaire, indispensable même.*

Comment parviendra-t-on à se la procurer ?

Par une application constante des découvertes de la science. Par la multiplication des institutions de crédit, rendues ainsi accessibles à nos agriculteurs, qui ont tant besoin d'avances. Par l'adoption générale des machines, des instruments agricoles ou industriels, construits dans les ateliers du progrès et de la perfection. Enfin, par la suppression graduelle de la gent parasite, qui, cent fois plus redoutable que le « nouveau système financier » du pays, impose davantage les produits de consommation et de production, et provoque infailliblement l'augmentation incessante des salaires.

Si nous nous élevons avec tant de force contre ce que nous appelons la gent intermédiaire, c'est que nous avons pendant longtemps été séduits par ses propres théories ; surtout après avoir lu l'admirable chapitre de Frédéric Bastiat (14) sur les intermédiaires. Mais, pour n'appartenir à aucune *école avancée* (ainsi que dit ironiquement l'éminent économiste), nous nous sommes aperçu qu'il existe bien une classe d'agents, qu'on pourrait appeler, comme lors d'un siège, les *bouches inutiles*. Bastiat l'aurait reconnue lui-même, s'il n'avait pas eu à combattre des adversaires qui ne voyaient, dans toutes les parties du corps social, qu'une foule de parasites dangereux, absolument comme Raspail voyait des vers dans la totalité des cas morbifiques, des animalcules dans toutes les parties du corps humain.

Une autre preuve à l'appui. Quelle est d'ailleurs l'action capitale des associations, des sociétés coopératives, dont on proclame aujourd'hui, avec raison, la sagesse et les bienfaits ? C'est la suppression radicale des *bouches inutiles*, de ces intermédiaires qui enrayent la consommation, en élevant les prix de toutes choses (15). Ainsi, lorsque nous nous proposons de créer des boulangeries, des meuneries, des boucheries coopératives, nous nous déclarons en guerre ouverte contre les parasites en question : voici le fait. Ajoutons que ces institutions constituent le meilleur purgatif, disons ainsi, que nos populations rurales puissent adopter. Les habitants de certaines villes en font usage avec succès : c'est le remède à bien des maux.

En terminant, nous voulons adresser des reproches directs à une autre classe de la société, dont les ressources pécuniaires sont employées à l'alimentation d'un agiotage compromettant pour le commerce honnête et sérieux. Un tel déplacement de capitaux, qui seraient si salutaires (16) au travail, en ces moments surtout ; une telle direction donnée à des fortunes, parfois péniblement amassées, ne nous parait ni acceptable, ni digne d'intérêt. N'insistons pas. Nous ne convertirons guère ceux qui ne songent qu'à profiter des chances du hasard. D'autres, plus sages, savent fort bien que la majeure partie de la foule des agioteurs ne saurait être utile à ce monde de producteurs et de négociants qui répandent le bien-être parmi leurs concitoyens et enrichissent la nation.

L. PRÉVAL.

NOTES

(1) Un de nos compatriotes, établi à New-York, prétend que bien des produits du midi de la France et de l'Algérie trouveraient un débouché certain aux États-Unis, si l'on pensait à créer une ligne régulière de steamers entre Marseille et les principaux ports de l'Amérique septentrionale.

(2) D'après un ingénieur cité par M. Michel Chevalier, la France serait une des grandes nations qui comptent le plus petit nombre de lignes ferrées, du moins proportions gardées. Il est vrai que la construction de nouvelles voies s'est bien ralentie en France, tandis que la Russie a demandé à la fabrication anglaise, pour le seul mois de Juin, 74.000 tonnes de rails. Pourtant les projets ne font pas défaut chez nous; on en voit surgir de partout. La mise en œuvre constitue une question très-délicate. Si nous savons, avec M. Chevalier, que de nouveaux chemins de fer sont indispensables aux intérêts du commerce, nous savons aussi que les résultats financiers de diverses compagnies invitent les actionnaires à devenir prudents. Voilà où gît la question.

(3) Nous entendons parler de l'article que M. Michel Chevalier a publié sous ce titre : *Du nouveau système financier de la France*, ou critique des nouveaux impôts. Nous estimons que, dans cette critique habilement tournée, bien entendu, l'économiste n'a pas présenté toutes les garanties nécessaires à l'application immédiate et facile des principales règles qu'il recommande de suivre. Dans l'état actuel des finances de l'Etat, on n'est pas le bienvenu à demander la suppression ou la réduction d'impôts dont on ne peut trouver soi-même les équivalents. Donnez au Trésor obéré des finances, et il lèvera tous les impôts. Après cela, il est inutile d'exprimer combien est instructif à lire un travail que recommande l'autorité de son auteur.

(4) L'impôt sur les boissons, qui a été inscrit au budget de 1873 pour la somme de plus de 330 millions, coûterait, d'après certaines estimations antérieures, environ 20 pour cent à percevoir, soit 66 millions de francs. Cela nous paraît énorme, et il est fort probable qu'une révision bien entendue des procédés de perception aménerait une diminution notable de l'impôt. Vers l'an XII, la perception avait lieu chez le producteur. Quels sont les motifs qui ont dû faire changer de système. Il est probable que l'on s'est aperçu que, livrés au commerce, les vins triplaient parfois leur quantité, et que le fisc pouvait perdre à la perception chez les producteurs. Toutefois, si l'on réfléchit que, bon an mal an, la récolte moyenne donne en France environ 52 millions d'hectolitres de vin, et 1 million 600 mille hectolitres d'alcool, on est en droit de croire qu'il serait possible d'obtenir les mêmes recettes, sans avoir recours, pour le bien de tous, à un aussi nombreux personnel, dont l'institution semble tolérer de fait la fabrication douteuse des boissons artificielles.

(5) L'augmentation de l'impôt sur le sel serait peut-être plus supportable qu'aucune autre. On évalue à six ou huit kilogrammes la consommation de cette substance par habitant et par année. Mais encore il n'est pas juste de répartir ainsi cette consommation, puisque les arts industriels s'en servent pour la fabrication de l'acide chlorhydrique, des chlorures décolorants, de la soude artificielle, etc. Cependant, il faut tenir compte également que l'emploi du sel n'est pas assez généralisé, que l'élève du bétail devrait en consommer davantage, et enfin que cette substance est nécessaire à l'homme, puisque son corps en contient plus de deux cents grammes. En résumé, nous accepterions volontiers l'impôt de deux décimes que propose M. Chevalier, parce que le sel ne manque pas chez nous, et que sa grande consommation diminuerait le prix de la main d'œuvre ; mais il serait sage de ne point aller plus loin.

(6) Répondant au questionnaire que la Commission d'enquête sur le

6

commerce d'exportation a transmis aux corps constitués, la **Chambre
de commerce** de Montpellier fait observer que l'exportation des vins,
en France, n'est pas en rapport avec la production. De lourds impôts
entravent la circulation des boissons spiritueuses. Enfin, nul n'ignore
que beaucoup de petits commerçants ont été obligés d'abandonner
une partie qui ne leur laissait envisager que des pertes certaines.

(7) En diminuant les taxes on aurait à coup sûr augmenté le chiffre
des correspondances. — En 1859, la poste recevait près de 259 millions
de lettres et 165 millions 300 mille journaux, échantillons, papiers
d'affaires, etc.; en 1869, le premier de ces chiffres s'est élevé à près de
365 millions, le second, à 367,186,000.— Le télégraphe transmettait,
en 1859, 599 mille dépêches ; mais, en 1869, ce chiffre s'élevait à
4,754,643 télégrammes. Dans un travail publié par Sir James Ander-
son, ce total est porté à 6,309,305 dépêches, et certaines de nos
feuilles publiques ont propagé cette erreur. Le chiffre réel se divise,
en effet, en 4,085,408 dépêches intérieures et 669,235 internationales.

(8) Voir, de l'un de nos collaborateurs, l'article intitulé : « Autre
question : importation de viandes cuites. »

(9) D'après M. le Docteur Cruveilhier, auteur d'un bon petit traité
d'Hygiène.

(10) Le défaut de crédit est très-probablement la cause capitale qui
ruine l'élève du bétail, en France. Il n'est pas, non plus, jusqu'aux
productions du sol qui ne se ressentent d'une manière considérable,
de la privation des avances d'argent. Dans son petit traité d'agriculture, le savant M. P. Joigneaux prétend qu'un paysan, à son entrée
en ferme, a besoin d'environ 1,500 francs. Un *fonds de roulement* ne
peut guère être limité, du reste ; mais il est juste de dire que le « cultivateur qui n'a pas d'écus est un cavalier démonté. »

(11) Dans un de nos très-prochains fascicules nous traiterons des avantages offerts par la pisciculture, que, dans notre pays, on paraît méconnaître.

(12) Ce passage est tiré d'un livre de M. Toussenel : « Les Juifs, *rois de l'époque*, 1845 ». L'auteur est un socialiste qui se serait contenté du régime *constitutionnel* capable de réaliser les rêves du socialisme. Toutefois, cette citation nous sert en ce sens que ce qui se passait alors à Rochefort, pour le fromage de Hollande a lieu aujourd'hui encore sur divers points pour différents articles.

(13) Que le travailleur qui se trouverait à parcourir ces lignes, soit assez sage pour ne point s'indigner. Nous trouvons, en effet, que le chiffre des salaires atteint déjà un point désolant; parce qu'il augmente en proportion directe le prix des marchandises. D'un autre côté, il est certain que, sans l'augmentation incessante des aliments, les salaires n'auraient pu s'élever autant. Quoi qu'il en soit, dès que l'abondance des substances alimentaires aura enfin produit l'*alimentation à bon marché*, l'élévation des salaires n'aura plus sa raison d'être, et le chef d'industrie et le négociant pourront lutter de concurrence avec l'étranger.

(14) Bastiat s'est élevé contre la doctrine de ces sectes qui voudraient substituer les services *publics* aux services *privés ;* mais autrement l'illustre économiste n'ignorait pas qu'il existe souvent, par le fait d'un excès de *services privés*, une déperdition de forces constituant au sein de la société un funeste parasitisme.

Au surplus, nous le répétons, les associations et les sociétés coopératives n'ont d'autre but que la diminution du nombre des intermédiaires entre les producteurs et les consommateurs.

(15 et 16) Les associations, les sociétés coopésatives languissent tou-

tes les fois que, privées d'avances, elles retournent de l'emploi des
des machines progressives à celui des appareils primitifs, ou qu'elles
consentent à payer 25,35 et 50 pour cent aux petits marchands, pour
obtenir la facilité des acquisitions en détail. — On voit bien par-là
jusqu'où allait le ridicule de cette école qui prétendait que « la classe
laborieuse n'a pas besoin du capitaliste », comme si ce n'était pas les
gros capitaux qui font les *vastes entreprises.*

L. PRÉVAL.

———————

APPEL à MM. les Armateurs et Négociants Français, relativement à la Question de l'Alimentation à bon marché.

IMPORTÂTION DE VIANDES FRAICHES

Nous ne sommes pas au temps de Firmus, nous ne nous faisons point chrétiens pour avoir la liberté de manger de la viande et de boire du vin. Le goût que nous avons tous pour la chair des animaux et le jus du raisin, n'est guère plus assurément une question de religion.

Il est vrai que Firmus, né carnivore, avait été un des fervents disciples de Porphyre, ce grand ennemi de l'Église, qui prétendait avoir l'âme trop sensible pour admettre qu'on immolât de pauvres animaux à l'aveugle appétit de l'homme. Et ce philosophe platonicien admirait avec dévotion les prêtres indiens et les mages persans qui observaient l'abstinence des viandes et des liqueurs fortes.

Certes, il n'y a point paradoxe a établir que si Porphyre vivait maintenant au milieu de nous, il ne trouverait personne qui osât soutenir avec lui qu'en s'abstenant de viande et de vin on conserve sagement la santé du corps et de l'âme. A notre époque, chacun souhaite pouvoir compter parmi ses subsistances quelques bonnes tranches de bœuf et de mouton, arrosées de la liqueur divine qui rend, dit-on, le Français si enjoué et si spirituel.

Malheureusement, ces souhaits, formés par les victimes de la misère, sont et demeurent vains et impuissants. Il n'est pas de jour, en effet, qu'une statistique brutale ne vienne fixer l'attention des âmes généreuses sur la cherté toujours croissante de la viande de boucherie.

Un jour, au lendemain de nos désastres, en 1871, on entendait un journaliste de la capitale s'écrier avec joie : « Depuis quelques jours, les rues de Paris sont sillonnées par des petites voitures remplies de viande de boucherie que des marchands vendent au détail et au poids aux passants.

» La viande de bœuf et de mouton constitue principalement la base de ce petit commerce ambulant. Ce qui est à remarquer, c'est le bon marché auquel elle est vendue.

» Nous avons vu, hier, aux environs des halles centrales, la viande de bœuf de belle apparence, 3e catégorie, offerte à 40 cent. le kilog. par ces petits marchands. Elle a été enlevée en moins d'une heure. Voilà une nouvelle industrie qui, avec la vente à la criée, va contribuer à faire baisser les prix exagérés auxquels les chevillards avaient maintenu les produits de la boucherie.

» Le problème de la viande à bon marché, dont on a cherché longtemps la solution sans la trouver, aura été résolu ainsi tout seul, grâce au siège de Paris et au ravitaillement, auxquels nos économistes étaient loin de s'attendre l'année dernière. »

Hélas ! ce fut une illusion qui dura quelques jours à peine ! Le problème est encore à résoudre ; les boucheries deviennent moins accessibles que jamais aux petites bourses, et M. Mayre, de Boulayes, publiait, il y a quelques mois, dans le *Journal d'Agriculture*, une intéressante note, qui débutait par ces tristes réflexions:

« Si l'on n'y prend garde, avec les prix fabuleux que la viande est appelée à atteindre, et qui sont déjà doublés, comparativement à ceux d'il y a seulement vingt ans, les générations qui nous succéderont mangeront leur pain sec plus souvent qu'à leur tour. Et comme le vin est menacé dans sa production par les insectes destructeurs de la vigne et les maladies de cette plante, on est presque tenté de croire que la plaisanterie émise plus d'une fois : — On ne trouvera dans l'avenir du mouton que chez les marchands de comestibles, et du vin que chez les pharmaciens, — sera un jour une réalité. »

L'auteur de ces lignes remarque ensuite combien il est urgent de ne rien négliger des produits naturels qui peuvent venir eu aide à l'alimentation publique, et désignant particulièrement le poisson d'eau douce comme se trouvant dans ce dernier cas, il invite tout fermier tout propriétaire qui dispose d'une mare, d'un fossé, d'une pièce d'eau, à s'occuper activement « de l'empoissonnement de carpe. »

Mais nous ne suivrons pas M. Mayre dans une conclusion que nous approuvons du reste, avec enthousiasme. Notre article vise un autre but. Il reste sans doute très-ingénieux de suppléer à l'insuffisance de la viande par l'abondance du poisson ; néanmoins nous demandons pour l'instant davantage : c'est la chair de bétail qui manque, c'est la chair de bétail qu'il nous faut.

Par suite, nous ne retiendrons de l'article du correspondant du *Journal d'Agriculture* qu'une seule proposition, à savoir que *la viande est appelée à atteindre des prix fabuleux.* Cette assertion est malheureusement à la fois vraie et terrible ! — Elle est vraie à ce point que l'Administration municipale de Bordeaux s'en est émue et a cru devoir charger une commission de procéder à une enquête attentive et profonde. — Elle est terrible, parce que l'élévation des prix arrête la consommation ; parce qu'il y a environ trois millions d'indigents dans notre pays ; parce que, enfin, le tiers au moins de notre population ne peut se procurer un alimentation suffisante.

La science, cette magnanime souveraine, toute soucieuse du bonheur de l'homme , la science a prononcé cet aphorisme : — Toute dépense musculaire considérable et fréquemment répétée, exige une consommation régulière de chair. — Eh bien, qui donc ignore que la population rurale du plus grand nombre de nos départements ne touche à la chair de bœuf et de mouton que les jours de grandes fêtes! Et, à l'heure présente, dans la plupart des grandes villes, l'immense majorité des travailleurs ne peuvent aller à la boucherie que le dimanche seulement!

Au surplus, on connait la répartition générale qu'offre la consommation de cette substance en France : environ 60 grammes pour chaque habitant et par jour. Mais tout le monde ne s'en tient pas à cette modique ration, d'ailleurs insuffisante. Les économistes estiment assez généralement que, parmi la population totale de la France, 12 millions d'individus consomment environ 65 pour cent de la richesse agricole, commerciale et manufacturière du pays — Enfin le Docteur G. Le Bon dit que Paris est la seule de nos villes où la chair entre en proportion suffisante dans l'alimentation ; il ajoute que « si chaque français adoptait le régime d'un parisien, une disette complète s'ensuivrait immédiatement. »

De ces calculs, comme on voit, ressort le fait incontestable qu'un certain nombre d'individus mangent de la viande au gré de l'hygiène, alors que les autres en consomment peu ou pas du tout. — Un second fait se montre même plus alarmant, puisqu'il menace de disette le provincial qui voudrait se nourrir comme le parisien.

Quel effrayant tableau !

Mais rassurons-nous un peu. L'assertion du Docteur Le Bon repose uniquement sur la répartition de la *consommation annuelle* du pays. Les moyennes établies par la statistique n'ont rien de commun avec le chiffre total de la *production*. Il est permis de croire que la production est au-dessus de la consommation ; car, s'il en était autrement, on comprendrait fort bien, dans certaines limites, l'élévation excessive des prix de la boucherie.

Mais, sans vouloir faire entendre que la production soit actuellement de beaucoup supérieure à la consommation, ne nous serait-il pas permis de déclarer que notre pays offre des ressources immenses à l'élève du bétail, et que des raisons secondaires, seules, viennent sans doute l'entraver.

Autour de nous, des gens, qui se préoccupent à bon droit de l'augmentation incessante de la viande, se sont posé ces questions : Notre bétail est-il rare ? — Ne lui laisse-t-on pas le temps de se reproduire en proportion de la consommation ? — L'élève du bétail n'offre-t-elle qu'une médiocre position à ceux qui s'y livrent ? — Ces derniers ne sont-ils pas trop pressés de vendre par l'absence de tout crédit agricole ? Enfin, l'Octroi ne paralyse-t-il pas à la fois la production et les transactions ? .

D'un autre côté, une personne, qui paraissait bien instruite du fait, écrivait, il y a quelque temps, dans un journal, que les prix excessifs de la boucherie ne sont nullement en rapport avec les prix de vente du bétail.

Si cela est vrai, nous devons inviter les bouchers à devenir plus sages. Les amis de la liberté commerciale verraient avec tristesse qu'une sotte spéculation devînt le signal de la résurrection du tarif officiel. (1)

Mais toutes ces questions sont autant de points que les commissions administratives ont le devoir d'étudier, et nous pouvons assurer que le résultat des enquêtes est impatiemment attendu de tout le monde.

(1) Dans bon nombre de villes, déjà, la municipalité alarmée s'est vue contrainte de remettre en vigueur la taxe administrative.

7

Pour le moment, revenons donc à notre appel au Commerce et à la Navigation.

On a vu que de toutes les considérations qui précèdent, découle la nécessité où nous sommes de rechercher avec soin des aliments à bon marché. Ce n'est point trop promettre que d'assurer la fortune et la reconnaissance de nos concitoyens à tous ceux qui, dans n'importe quel genre, contribueront à accroître le bien-être de la population.

Or, nous avons dit plus haut : — C'est la viande qui nous manque; c'est de la viande à bon marché qu'il faut se procurer.

Nous nous sommes, en effet, souvenus des termes précis de l'entrefilet suivant, que reproduisaient à l'envi, il y a quelques mois, les plus sérieuses de nos feuilles publiques.

« On se rappelle que, l'an dernier, un Anglais essaya de transporter » d'Australie à Londres, dans de la glace, de la viande de bœuf et de » mouton, qu'il pouvait, tous frais compris, offrir sur le marché de Lon- » dres à 4 deniers (40 centimes) la livre. Mais il arriva que la viande, » quoique restée entièrement fraîche, n'était pas mangeable.

» Aujourd'hui, on a amélioré ce mode de conservation : on ne laisse » plus adhérer la viande à la glace.

» Avant-hier, les principaux gourmets de Londres étaient convoqués » à l'hôtel de Canon street, pour goûter des rosbeafs, côtelettes et volai- » lles, venues ainsi en droite ligne de Bulgarie et autres contrées du » Bas-Danube : l'épreuve a été décisive. La chair ainsi conservée avait » un goût excellent. La maison qui a entrepris ces transports fournit, » sur le marché de Londres, le mouton à 35 centimes la livre, les pou- » lets à 60 centimes, les oies grasses à 2 fr. 80, et les dindes à 3 fr. 40 » pièce. » (Mai 1874)

Si par bonheur le fait est vrai, pourquoi le commerce français ne suivrait-il pas le bon exemple qui lui est donné par nos voisins d'outre-Manche ? Cette tentative serait non-seulement lucrative et honorable, mais encore toute pleine d'humanité.

Jusqu'à ce jour les moyens proposés pour la conservation des viandes, présentent *tous*, — en dehors du salage et du procédé Appert, — des inconvénients qui n'ont pas permis d'en généraliser l'application. Au milieu des méthodes qui se trouvent dans ce cas, on remarque principalement le traitement par l'oxyde de carbone, l'acide sulfureux, la compression, le stéarinage, etc.

La congélation, seule, a permis de compter sur de bons résultats. Il est constant que l'adhérence de la glace à la substance animale provoqua, dès les premières expériences, les améliorations qu'on a dû apporter depuis au procédé ; mais puisque le succès s'est enfin fait jour, puisque le verdict des gourmets de ''l'hôtel du Canon street'' est unanimement favorable au transport de la chair fraîche dans de la glace, il semble que notre haut Commerce n'aurait pas mauvaise grâce de vouloir contrôler l'évènement par la pratique expérimentale.

Ces essais peuvent se faire sur bien des points. Il ne s'agit pas, comme tout récemment à Paris, d'importer en France de la chair de bison : cet animal, qui habite de vastes forêts, ne serait assurément pas très-facile à amener dans les ports d'embarquement, ainsi que l'a fait remarquer avec raison un correspondant anonyme de *la Science pour tous*.

Mais; on l'a vu, les viandes transportées à Londres sont venues soit d'Australie, soit des différentes contrées du Bas-Danube, (Turquie septentrionale notamment;) et c'est du bœuf, du mouton, des oies, des dindes qu'on a pu ainsi débiter au marché anglais.

Eh bien, sur tout le littoral de la mer Caspienne, dans une immense étendue, « les bœufs sont en quantité considérable et tués uniquement pour le suif et la peau. » — Il en est de même sur divers points de l'Amérique méridionale, par exemple dans la République Argentine. Dans un ouvrage, publié à Bruxelles par un agent officiel de cette République, nous trouvons l'indication suivante : « La viande provenant de l'abatage annuel de plus de deux millions de bœufs restant en partie sans emploi, *et dès lors complètement perdue.* MM. A. Bénite & C¹ᵉ ont fondé, en 1869, près d'un de leurs abattoirs, sur la rive droite du Rio-Uruguay, une fabrique d'extrait de viande. »

Ainsi, il reste établi que les expériences, — auxquelles se livreraient nos grandes maisons, nos armateurs, dont les navires sillonnent toutes les eaux, — n'exigeraient pas de gros déboursés de la part des expérimentateurs. Il ne s'agirait plus que de la question de vente des articles transportés : or, qui donc oserait douter de la rapidité d'écoulement d'une substance si utile, si précieuse et ramenée à des prix modiques?

C'est au nom de l'humanité que nous supplions de nouveau le commerce français de ne pas rester sourd à notre appel.

L.-PRÉVAL.

NOTA. — Nous ignorons le nom de la Maison anglaise qui, d'après les journaux, a entrepris le transport des viandes de bœuf, de mouton, etc., pour es besoins du marché de Londres. et nous nous demandons s'il ne s'agit pas des armateurs d'Australie qui, au mois d'Août 1873, chargèrent, sur le *Norfolk,* quinze tonnes de viande. Après 85 jours de voyage, le navire arriva à Londres, débarquant ses pièces de viande, qui, a-t-on dit, fut trouvée *très-fraiche.* Le procédé mis en vigueur consistait, croyons-nous, à entourer d'une forte couche de glace les vaisseaux métalliques qui contenaient les viandes.

Mais voici encore le détail d'une méthode de date antérieure.

Il y a trois ou quatre ans environ, M. Nicolas Herrera Yobes, de Monte-video, prenait, paraît-il, un brevêt en faveur d'un système de conservation des viandes par le froid. Ce procédé consiste à faire doubler de feuilles de métal l'intérieur des navires, dont le fond est ensuite recouvert d'une cou-che de son, de laine et autres substances rebelles au calorique. Cette opéra-tion faite, on dispose sur le lit préparé des pièces de viande, fraîchement abattue, que l'on recouvre d'une couche de glace. On peut multiplier ces couches alternatives de viande et de glace jusqu'à parfait chargement du navire; mais le dernier lit de glace doit, comme le fond, être recouvert de sciure de bois, de paille, etc.

L'inventeur s'est-il borné à émettre uniquement cette théorie. Nous ne le pensons pas : nous voyons plutôt dans la maison de Londres déjà citée, un correspondant commercial de M. Herrera Yobes.

En effet, la mise en pratique de cette heureuse idée aura démontré les inconvénients causés par l'adhérence de la glace à la chair. C'est alors qu'on aura songé à tenir ces deux substances séparées par, *peut-être,* quel-ques légers tissus.

Quoiqu'il en soit, nous croyons nous souvenir qu'un prix de cent mille francs fut promis, par un des gouvernements américains, à l'inventeur d'un procédé assez heureux pour pouvoir conserver de la viande fraîche *pendant au moins trente jours.* L'a-t-on définitivement gagné?

L.-P.

AUTRE QUESTION AUX MÊMES

IMPORTATION DE VIANDES CUITES

Il serait superflu, pour démontrer la supériorité physique du travailleur anglais sur l'ouvrier français, de citer au long les expériences de Charenton et de Rouen. Il nous suffira de rappeler seulement que le premier tire tant d'énergie d'une consommation abondante de viande, et que lorsque le Français est soumis au même régime, la somme de son travail est égale à celle de l'Anglais.

En méditant un peu sur ce grave sujet, en pensant que le produit de deux hommes qui mangent de la viande, égale celui de trois individus ne se nourrissant que de végétaux, nous avons été frappés de l'énorme déficit que laisse derrière elle, chaque année, cette masse d'agriculteurs dont l'alimentation ne comprend guère que quelques légumes herbacés et parfois du porc salé.

La déplorable tendance de l'homme des champs à abandonner la charrue pour venir à la ville exercer une profession, un commerce qu'il croit à ses yeux plus noble que les occupations si précieuses de son père ; cette tendance, qui se manifeste depuis malheureusement trop longtemps et qui oblige nos fidèles paysans à s'écrier que l'Agriculture manque de bras ; cette tendance funeste et alarmante nous a maintes fois fait rêver à la nécessité, où seront bientôt le Commerce et l'Industrie, de trouver des moyens prompts et efficaces pour repeupler de travailleurs actifs nos champs abandonnés.

Il faut l'avouer, ce sont les dures fatigues du labour et de la culture qui poussent nos campagnards à envahir la ville. Ceux d'entr'eux qui ne sont pas propriétaires, les autres qui le sont assez pour n'employer leur temps qu'aux opérations du commerce, ne veulent point se dévouer aux travaux préparatoires de la production : les uns et les autres. supposent leurs forces physiques bien au-dessous des exigences de la besogne.

Il y a longtemps que cet état de choses existe chez nous. Pour y remédier, pour arrêter l'émigration incessante, on a créé de très-utiles institutions, — comices, fêtes, concours, — qui doivent flatter le légitime orgueil du paysan producteur.

Nous sommes d'avis que cela ne suffit pas. Tout demeure à peu près au même point.

Veut-on savoir ce qu'il faut faire ?

Eh bien, il faut nourrir l'homme des champs. — Il faut lui faire entendre qu'un régime alimentaire comme celui qu'il a adopté est auss préjudiciable à sa bourse que nuisible à sa santé. — Enfin, il faut placer sous sa main économe des aliments substantiels qu'il puisse substituer à ses choux et à son lard si peu nutritifs.

En agissant ainsi, on multiplie les résultats sans avoir à multiplier les agents. Ainsi, supposons un département dont les produits représentent 200,000 travailleurs ruraux, aussitôt après l'introduction du régime que nous indiquons, il donnera une bonne moitié de plus en revenus agricoles, soit le produit de 300,000 cultivateurs.

Voici, certes, un résultat bien éloquent.

Pour l'atteindre, on doit encore, on doit toujours se préocuper de cette fameuse question des aliments à bon marché, question qui nous semble être beaucoup trop négligée.

L'article précédent est une invitation adressée au Commerce français pour l'engager à tenter promptement l'importation des viandes fraîches. Les diverses considérations que nous y avons émises peuvent être augmentées de celles que nous développons ici. Mais, comme la situation de nos populations rurales nous parait pressante; comme il importe à toutes les branches de l'exploitation humaine de développer, d'accroître nos ressources agricoles, sans délai aucun, c'est aux moyens connus, sûrs, rapides qu'il faut alors recourir.

L'un de ces moyens, celui que nous visons en ce moment, c'est l'introduction dans notre pays, dans nos villages, dans nos fermes, des viandes cuites de l'Étranger, de ces conserves fortifiantes dont l'Angleterre fait un si grand usage.

De même que pour la viande fraîche, on peut opérer, pour ces conserves, sur des points fort nombreux. La vente dans nos contrées sera facile et prompte. L'hygiène publique se trouvera bien de cette amélioration dans le régime alimentaire des masses. Enfin, nos populations, devenues riches et vigoureuses, béniront ceux qui leur auront ainsi assuré le bien-être.

Il est temps, croyons-nous, d'aborder cette grande mesure qui relèvera, avec le temps, nos forces énervées, multipliera nos ressources et accroîtra nos richesses commerciales et industrielles.

Y. DE VILLENEUVE.

Nota. — M. Gustave G..., un honorable habitant de Bordeaux. qui, pendant toute la durée de la dernière guerre, s'est généreusement inquiété du sort de nos soldats, traitant un jour de l'alimentation de l'armée et des troupes en garnison, signalait, à qui de droit, des conserves de viande cuite d'Australie, qu'il était alors possible d'acquérir à bas prix.

Il disait : « Une maison de Londres et de Melbourne a mis aux mains » d'un négociant de Bordeaux de fortes quantités de ces viandes; elles » étaient disponibles il y a quelques jours, le seront-elles demain ?

» En Angleterre, la vente dépasse vingt mille caisses par semaine ; le » peuple, la marine marchande, recherche ces conserves, et l'amirauté a » des marchés passés avec des lieux de production. »

N'est-il pas assez surprenant que le Commerce français n'ait jamais songé à offrir de pareilles conserves aux populations pauvres et mal nourries.

Le budget actuel de la France ne porte qu'à *un* million de francs seulement le chiffre total de l'impôt sur les viandes provenant de l'étranger : ce fait prouve hautement combien est négligé ce genre d'importation. Du reste, l'importation des viandes fraîches et salées, pour les sept premiers mois de 1874, n'a produit qu'un chiffre de 11,369,000 francs.

Y. DE V.

RECUEIL DE FAITS

SCIENTIFIQUES, INDUSTRIELS ET COMMERCIAUX

DES VINS

Tout le monde sait combien est considérable la récolte que la France fait en vins rouges et blancs, de nuances variées, de différents goûts; mais il n'y a peut-être que le viticulteur et le commerçant qui se sentent aux prises avec les mille difficultés, les mille mystères, dont sont entourés à la fois l'art si antique de la vinification et l'art non moins précieux de la conservation des vins. Ces deux arts sont encore dans l'enfance, et les progrès de la chimie sont seuls appelés à nous conduire vers des procédés efficaces et raisonnés. C'est le mérite de la science acquise, c'est le mérite, supérieur à tout autre, de l'analyse chimique, que de pouvoir fournir des raisonnements sur les causes, les effets, les influences directes ou indirectes. Mais tant que la science n'aura constaté que des faits, tant qu'elle doutera sur les causes, il n'y aura pas lieu de déclarer sûrs, efficaces, infaillibles des systèmes que leurs auteurs ne peuvent eux-mêmes expliquer.

Une foule d'écrivains ont écrit de gros volumes pour préconiser l'emploi de tels ou tels moyens, qu'ils proclament excellents ; mais il n'en est guère, parmi eux, qui s'appuient de toutes les conditions exigées par l'application industrielle, surtout par la science moderne.

En somme, c'est la routine qui, seule, agit encore en souveraine.

Le règne des tatonnements sera toujours funeste. On colle les vins ; on les coupe ; on les soutire ; mais ces pratiques sont plus que douteu_ses, et c'est faute de bien connaître les divers éléments, les proportions des éléments qui doivent entrer dans les vins, c'est faute de n'avoir pas une connaissance parfaite des transformations que subissent ces mêmes éléments dans le travail de la vinification, que l'on a adopté, employé, répandu les pratiques du vinage, sur les effets et la nature duquel la raison ne peut s'empêcher de faire mille réflexions peu favorables.

Le Docteur Gustave Le Bon, en parlant de la composition du vin, dit : « C'est le jus fermenté du raisin. C'est un *mélange* d'eau, d'alcool » de sels, de tannin, de matières colorantes et de principes aromati- » ques. » Le mot *mélange* nous semble malheureux, tout au moins inexact, car le vin est le résultat d'une *combinaison* chimique, et le même docteur a raison de dire plus loin que « du vin dont on a augmenté la force par de l'alcool, ne ressemble en rien à du vin possédant naturellement la même richesse alcoolique que celle artificiellement obtenue, » Et il ajoute que la chimie n'est pas assez avancée pour préciser les causes de ces différences.

Il y a bientôt un siècle que M. Sigaud de La Fond, parlant des vins de liqueur et de leurs imitations artificielles, s'exprimait ainsi : « Toutefois, ces sortes de vins factices n'imitent qu'imparfaitement » ceux qu'on veut copier, et la raison de cette différence se représente » naturellement à l'esprit. On conçoit, en effet, que l'esprit-de-vin qu'on » emploie ici, ne peut se combiner avec la partie sucrée et extractive » *(sels, tannin, parties végétales)*, de la même manière que cette combi- » naison a lieu lorsqu'elle se fait par voie de fermentation. De là, on » peut dire que les vins de liqueur sont de véritables vins, et que ceux

» qu'on fabrique ne sont que des *ratafias,* dans le[...] l'[...] de-vin
» se fait toujours sentir. » Cette observation est [...]-judicieuse ; elle
nous conduit à penser que l'action du vinage (1) sur n'importe quel
vin, lorsqu'elle est exercée sans raison et pour simplement sa-
tisfaire à une exigence secondaire, est sans doute plus funeste qu'on
ne le croit. Il n'est pas rare de voir des commerçants introduire de
l'alcool dans leurs vins, pour les rendre conformes au caractère des
échantillons auxquels s'est arrêté l'acheteur.

Nous avons insisté sur l'expression employée par le Docteur Le Bon,
pour mieux faire ressortir que toutes les opérations du vinage, du coupage, sont avant tout des pratiques non-seulement *douteuses* mais *très-
difficiles.* Ainsi, n'est-ce pas au goût, au simple jugement de l'organe
du goût, que s'opèrent la plupart des coupages, de tant de mélanges
dans lesquels les proportions des éléments chimiques, — proportions
exigées par le vin que l'on désire obtenir, — sont déplorablement in-
terverties, au grand détriment de la conservation du liquide? Bornons-
là ces remarques ; nos maîtres de chais ne sont pas des chimistes sans
cesse alarmés. S'ils ignorent que les vins *sains* contiennent, d'après M.
Béchamp, en principes organiques solides, de la crème de tartre, du
sucre, de la glycérine, de l'acide succinique et un produit visqueux,
est-il donc surprenant que ces praticiens ne puissent pas bien se rendre compte si, par exemple, en voulant corriger un vin qui manque
d'une proportion suffisante de *tartrate,* ils n'emploient pas dans leur
opération, un second vin dont la *glycérine* fait défaut, et qui au mélange fera dire que l'on a échangé un cheval borgne contre un aveugle? Cela prouve qu'il ne faut pas trop se hâter d'exalter les systèmes
obscurs ou douteux, et que nous devons tout attendre des bienfaits de
la Chimie.

Voici pourquoi nous passons sous silence divers procédés qui peuvent avoir du bon, mais en face desquels on ne peut s'expliquer d'une
manière bien théorique, mathématique, pour dire ainsi. Examinons

(1) Voir l'article VII, page 65.

plutôt les observations scientifiques des savants connus, de ces hommes qui cherchent sans cesse à l'aide de l'analyse, qui n'adopte rien sans se livrer à de nombreuses expériences. Les pages qui vont suivre renferment douze articles, tous relatifs aux causes de l'altération des vins et aux moyens de les combattre. S'il arrivait qu'on nous reprochât que ces faits ont été publiés ailleurs, nous nous croirions toujours en droit de dire que l'immense majorité des intéressés sont encore à en prendre lecture; surtout, nous ne manquerions pas de faire observer que chacun de ces articles représente admirablement chacun des pas successivement faits par la science moderne dans cette question encore peu connue, et cependant si importante.

X. Lucas.

Des Altérations chimiques des Vins

I. *Un cas d'altération naturelle.* — On se souvient que les vins du bas-Languedoc présentèrent, en 1861, de nombreux cas de cette altération spontanée et profonde, toute naturelle du reste, mais alors fort mal connue, et mit en émoi viticulteurs, négociants et consommateurs. Ce fait, en tout point déplorable, donna lieu à des discussions commerciales et notamment à certain procès qui appela bientôt l'attention de savants chimistes de notre pays.

D'abord les acquéreurs de ces vins crurent que l'altération avait pour cause une immixion frauduleuse d'eau. Il fut cependant prouvé qu'il n'existait aucune espèce de fraude, la généralité du mal étant devenue malheureusement un fait acquis, concluant, et tout le monde s'en remit au résultat scrupuleux des investigations de la science.

Ainsi, l'altération était naturelle; la loyauté des vendeurs ne pouvait plus tomber sous l'esprit inquiet de la suspicion; mais la cause du mal restait encore cachée aux yeux de tous les intéressés.

MM. Balard et Pasteur, membres de l'Institut, se livrèrent dès lors à l'étude chimique du phénomène alarmant qui venait de se révéler. Tous deux déclarèrent avoir constaté la présence, dans ces **vins tournés,** d'un nombre assez considérable de petits filaments nacrés, dont ils ne pouvaient alors s'expliquer ni la nature, ni l'origine.

Toutefois, cette première découverte venait d'ouvrir le champ des études aux hommes dévoués à l'intérêt public : des observations nouvelles ne tardèrent pas à se produire.

II. *Le caractère chimique d'un vin tourné serait de ne plus contenir de sucre.* — Pour le cas spécial des vins tournés du Languedoc, M. Louis Figuier, cet élégant archiviste des progrès de la science contemporaine, remarquait que le défaut d'un intervalle de temps suffisant pour le cuvage et la fermentation du moût, devait avoir joué un rôle d'une certaine importance. «Une fermentation d'une durée trop courte, disait-il, a pour effet de laisser subsister dans le vin une partie assez notable de sucre. Il n'est pas impossible que l'altération subie quelques mois après par le vin, ne proviennent de la décomposition de ce sucre.»

De son côté, cependant, M. Béchamp, professeur à la Faculté de médecine de Montpellier, à la suite des nombreuses analyses qu'il avait faites, concluait de ses recherches : « 1° que les vins sains contien-« nent toujours une certaine quantité de sucre libre, qui disparait « quand le vin est malade, ou tourné ; 2° que dans ce passage de l'état « sain à l'état malade, la glycérine des vins se transforme en acide propionique. » (1)

Il est en effet évident que tous les vins à l'état sains contiennent une quantité plus ou moins forte de sucre, et que cette substance fermentable ne cesse de subir des transformations chimiques qui finissent toujours par l'absorber presque entièrement. Dans les vins tournés de 1861, les chimistes constatèrent que le titre alcoolique n'avait pas changé; il est sans doute fort probable que l'absence du sucre dans ces vins ne peut être la cause de leur altération qui se manifestait ainsi : le liquide était trouble, sa couleur affaiblie, le bouquet avait disparu, la saveur était devenue amère.

(1) Nous tirons cette déclaration de la septième année scientifique de M. Louis Figuier.

III. *Le caractère d'un vin tourné serait plutôt de contenir un ferment organisé*. — C'est en effet ce qui ressortit, ainsi que nous l'avons dit, des études minutieuses de MM. Balard et Pasteur. Le ferment organisé se présenterait donc sous forme de filaments nacrés, droits, d'une largeur égale au diamètre d'un grain de fécule. Ce serait des êtres microscopiques, comme des espèces de petits champignons.

Ils devinrent dès ce moment l'objet de nombreuses observations de la part de M. Pasteur dont les conclusions n'ont cependant pas été immédiatement partagées par tous les membres de l'Académie.

IV. *Origine de ces végétations criptogamiques*. — En 1864, M. Pasteur, travailleur infatigable, démontra «que les altérations spontanées ou maladies des vins étaient produites par le développement, dans l'intérieur du vin ou à sa surface, de petits champignons microscopiques dont les germes sont apportés dans le moût de raisin, à l'époque de la vendange, par les poussières en suspension dans l'air ou répandues à profusion à la surface des grains, du bois, de la grappe, des feuilles, etc. germes que les filtrations et les collages qu'on fait subir au vin n'enlèvent que très-imparfaitement. Ainsi, toutes ces maladies connues sous les noms de maladies de *la pousse*, de *la graisse*, de *l'acide*, de *l'amer*, n'auraient pour cause que la présence soit *dans le moût*, soit *dans les vins*, du *ferment organisé* que MM. Balard et Pasteur avaient découvert dans les vins du bas-Languedoc.

V. *De deux autres sortes de dépôts dans les vins*. — Les nombreuses recherches que nécessita la découverte de ces champignons misroscopiques, permirent à M. Pasteur d'étudier attentivement deux autres sortes de dépôts, dont il entretint l'Académie des sciences dans la séance du 22 Mai 1865.

La première sorte est due à des cristaux de bitartrate de potasse, de tartre de chaux, résultant sans doute des changements de température et des diverses modifications que les vins éprouvent dans leur composition. La deuxième sorte est constituée par la matière colorante

primitivement dissoute et devenue enfin insoluble par un effet d'oxydation, c'est-à-dire par la fixation, dans la matière colorante, du gaz
oxigène introduit soit par les pores du bois des tonneaux, soit par les
pores des bouchons, soit peut être aussi au moment des soutirages, par
dissolution d'air.

Il faut remarquer que l'influence de ces dépôts sur la composition
et les qualités des vins, n'est ni grave, ni gênante. Leur présence ne
peut nuire qu'à la limpidité du liquide, mais comme ils ont une tendance très-prononcée à se diriger vers les parois inférieures des
bouteilles et des fûts, les soutirages peuvent avoir lieu sans inconvé-
nient et le vin reste clair jusqu'aux dernières gouttes. Toutefois, l'oxydation de la matière colorante diminue la couleur primitive des vins.

VI. *Une autre cause d'altération des vins.* — Si, pendant la vinification, l'oxigène de l'air peut produire sur le vin une influence bienfaisante et même indispensable, comme le pense M. Pasteur; si enfin, il
est nécessaire que ce gaz vienne remplacer l'acide carbonique qui se
dégage des cuves vinaires, on doit toutefois, lorsque le vin est *fait*,
éviter avec soin de le mettre brusquement en contact avec l'air atmosphérique ; ce contact est funeste à la conservation du vin ainsi
exposé à l'action de l'Oxygène.

M. Berthelot, a déclaré que le contact de 50 centimètres cubes
d'air suffit amplement pour détruire le bouquet d'un litre de vin. Sans
nul doute, une petite quantité d'oxygène est utile au développement
initial du bouquet; mais il est certain que la pénétration lente de
l'oxygène dans les bouteilles et les tonneaux, est la cause certaine de
la diminution du bouquet et même de l'altération profonde des vins.

De son côté, M. Pasteur croit qu'on interprète très-mal l'influence
des voyages au long cours sur les vins. il est persuadé que les changements que l'on constate doivent être attribués bien plus à l'action de
l'oxygène de l'air qu'à l'élévation de la température. Deux circonstances, dit-il, favorisent l'introduction de l'oxygène durant le voyage aux
Indes : une évaporation plus rapide à la surface des douves, et surtout
les chocs du liquide contre les parois.

VII. *Une remarque importante.* — Nous avons lu qu'au siècle de nier, M. Macquer (1) chimiste distingué, recommandait l'expérience suivante :

« Qu'on prenne disait-il, un moût le plus excellent, le plus sucré,
» le plus disposé à la fermentation vineuse, et qu'on y mêle à peu près
» la quantité d'alcool qui se trouve dans les vins les plus généreux, on
» verra qu'il ne s'excitera dans ce mélange aucune fermentation,
» qu'il conservera toute sa saveur sucrée, pourvu qu'on empêche la
» dissipation du spiritueux, et si l'on vient à en faire l'analyse après
» un certain temps, on n'en retirera précisément que la même quantité
» d'alcool qu'on y aura mise. »

Ce fait nous paraît très-intéressant à observer, et l'expérience est facile à faire. Seulement, nous nous demandons ce que devient plus tard ce sucre, arrêté si étrangement dans ses modifications naturelles. Que deviennent ces matières qui fermentent sans cesse ordinairement ; qui produisent une quantité si considérable d'alcool? Cessent-elles d'être fermentescibles? Les ferments sont-ils ainsi étouffés dans leur vertu, dans leur développement?

Il y a certes, en France, un nombre assez considérable de petits propriétaires qui débitent leurs vins avant qu'ils ne soient réellement faits. Si, par exemple, il en est qui pour donner de la force à leurs produits, s'avisent d'y introduire de l'alcool pris dans le commerce, ces vins, dont la composition n'est plus naturelle, ne sont-ils pas condamnés d'avance à subir des altérations graves et irrémédiables?

Nous nous bornons à poser cette question à nos lecteurs, heureux que nous serions d'obtenir quelque réponse. Toutefois, nous ajouterons encore une autre remarque.

Si, pour mélanger avec un de ces vins qui ne sont pas encore faits nous prenons des vins riches en spiritueux, le mélange éprouvera-t-il à la longue les effets de la fermentation? Tout au contraire, la quantité d'alcool contenue dans le vin de coupage, aura-t-elle suffi pour

(1) Cité par M. Sigaud de la Fond, auteur d'un Dictionnaire de Physique, (1781).

faire avorter la disposition fermentescible du sucre et autres matières que renferme le vin en question? — Enfin, ce mélange se conservera-t-il longtemps? — Tout cela reste encore à éclaircir.

Dès Moyens de Conservation

VIII. *Du chauffage des vins.* — Nous avons vu M. Pasteur doutant que ce fût à l'élévation de la température qu'on dût attribuer l'influence fâcheuse que les voyages exercent sur les vins. Ce doute, il le remplaça bientôt par une conviction absolue. En effet, en 1865, il reconnut qu'il suffisait de porter le vin, *ne fût-ce qu'une minute*, à la température de 60 degrés pour tuer tous les germes de maladie. Il fit part de sa découverte à ses collègues de l'Académie, parmi lesquels il rencontra des contradicteurs, que certains titres semblaient devoir réputer très-compétents. Toutefois, les épreuves expérimentales devaient donner gain de cause à M. Pasteur. Le temps n'a fait que confirmer ses heureuses découvertes.

Nous empruntons au journal la *Science pour tous,* la partie principale d'une conversation (1) que tint M. Boillot, Maire de Volnay. (Côte-d'Or), avec M. Pasteur, tout en dégustant, par comparaison, des vins de Bourgogne chauffés et non chauffés.

Nous reproduisons mot à mot.

« M. PASTEUR. — Les voilà tous, ces vins de vos grands crûs. Choisissez vous-même, au hasard, deux bouteilles, l'une prise dans la rangée de celles qui ont été chauffées, l'autre dans la rangée des non chauffées. Vous aller les déguster par comparaison....

» M. BOILLOT, — *Vin de Pommard 1861.* — Le vin chauffé vaut 4 fr. la bouteille; le non chauffé ne vaut pas 1 fr. la bouteille.

» *Vin de Pommard 1865* — Le vin chauffé vaut plus de 4 fr. la bouteille : le non chauffé ne vaut pas 50 centimes la bouteille.

» *Vin de Volnay 1865* — Je reconnais mes étiquettes. C'est moi qui

(1) Ce dialogue a été publié cette année et sous ce titre : « *Sur la conservation des vins des grands crûs de Bourgogne.* »

vous ai vendu ce vin en 1866. Le vin chauffé est excellent. Le vin non chauffé est bon aussi, bien conservé, mais il ne vaut pas l'autre.

» *Vin de Volnay 1864.* — C'est encore de mon vin. — Le non chauffé est bon, très-bon, mais il est à son apogée. Il ne peut plus que perdre. Le vin chauffé est bien supérieur, très-solide, il a encore une longue vie. Ainsi donc, quand bien même on serait assuré que nos grands vins pourraient se conserver, ce qu'on ne sait jamais avec certitude, il faudrait encore les chauffer, parce que cela les améliore étonnamment à la longue.

» Je me déclare satisfait et convaincu. Je ne veux pas déguster les autres vins Je suis émerveillé. Ça me produit le même effet que si je vous voyais verser l'or à pleine main dans nos contrées. Ah! je ne savais pas cela!

» M. Pasteur. — Vous voilà, mes chers compatriotes, bien occupés de politique, d'élections de la lecture superficielle des journaux! Mais les livres sérieux qui traitent des affaires du pays, de vos propres intérêts, vous les laissez de côté! Cela vous demanderait quelque peine pour les comprendre et en suivre les sages avis, motivés par des travaux assidus qui souvent compromettent la santé de leurs auteurs.

» M. Boillot.— Détrompez-vous, monsieur, j'ai lu dans des comptes-rendus de l'Académie que M. Pasteur avait dit que le chauffage conserve et améliore nos vins; mais en tournant la page, j'ai vu que des confrère de M. Pasteur le contredisaient et soutenaient que le chauffage tue les qualités de nos grands vins. Que voulez-vous que nous fassions, nous autres vignerons?

» M. Pasteur. — Combien vous m'attristez, monsieur le maire! Vous mettez à nu un autre travers de notre caractère national, une sorte de penchant à la contradiction superficielle, qui ne supprime pas sans doute la vérité, mais qui en arrête le cours et peut retarder les applications les plus utiles. Nous n'aimons pas les succès chez le prochain. Notre premier mouvement est d'en nier l'existence et la réalité. Pourtant, monsieur le maire, en lisant avec attention, vous auriez pu reconnaître que tout ce que j'avais annoncé était accompagné de faits précis, de rapports officiels, de dégustations par des hommes compétents, tandis qu'on ne m'avait opposé que des assertions sans preuves.

» M. Boillot. — C'est vrai; mais je vous assure, monsieur, que c'est bien difficile. Vos confrères qui vous ont contredit sont de grands propriétaires en Bourgogne. Ils ont intérêts à connaître tout ce qui peut être utile à nos vins. Mais soyez tranquille. Dorénavant, je ne croirai plus vos contradicteurs, et tout de suite, en rentrant à Volnay, je vais m'occuper de cette affaire. Mais quel appareil choisir?

» M. Pasteur. — Pour vos vins, qui sont des vins de grands prix, il faut prendre l'appareil le plus parfait; c'est la bouteille bouchée. Je vais faire chauffer en votre présence cinquante bouteilles. (L'opération dura une demi heure au plus).

» M. Boillot. — Comment, c'est aussi simple que cela! Je n'en reviens pas. Demain, j'aurai commandé une grande marmite ou une bâche pareille à celle-ci pour chauffer mon vin. Est-ce possible! Moi qui vient de perdre une pièce de 1870! Je l'avais mise en bouteilles, il y quelque temps, pour des conseillers généraux, je vais en prendre quelques-unes. Je vois des choses flottantes, vos champignons évidemment. Je déguste; impossible de livrer ce vin : il commençait à se gâter.

» M. Pasteur. — Pour prix de la leçon que je viens de vous donner, monsieur le maire, je vous demande de faire connaître tout ce que vous venez d'apprendre à vos administrés. Ce sont des millions que vous donnerez à la Bourgogne.

» M. Boillot. — C'est vrai. Et que pensez-vous, monsieur, des vins gelés?

» M. Pasteur. — La congélation est une pratique beaucoup plus embarassante et plus dispendieuse que celle du chauffage. Elle produit un effet analogue au vinage ou à ce que vous appelez « procéder les vins; » mais elle n'empêche pas les maladies de se produire. Si vous voulez, je vais vous montrer des vins de grands crûs qui ont été gelés et qui sont altérés.

» M. Boillot. — C'est très-vrai; je l'ai constaté souvent. Je ne saurais trop vous remercier, monsieur, de votre obligeance. Je ne puis vous dire combien je retourne heureux et content à Volnay. Voulez-vous me permettre de vous envoyer 24 bouteilles de mon vin de 1870?

» M. Pasteur. — Très-volontiers, monsieur le maire, j'en chaufferai 12, cela arrêtera le mal au point où il se trouve, et je laisserai les 12 autres telles quelles. Chaque année pendant 12 ans, si Dieu me prête vie, je ferai déguster par comparaison une bouteille de chaque sorte, soit par vous, si vous venez à Paris, soit par un de vos compatriotes, soit même par ceux qui vous ont fait tant de tort en propageant légèrement des erreurs. »

En fermant cette citation d'un intérêt réellement sérieux, nous devons rappeler que M. Pasteur a publié en 1856, un ouvrage complet ayant pour titre : « *Étude sur les vins, ses maladies, etc.*, » que tous nos lecteurs trouveront profit à consulter.

IX. *Conservation du vin par l'électricité.* — Il est maintenant un fait hors de doute, que l'on améliore la qualité des vins, et qu'on en prévient l'altération par un chauffage à l'abri de l'air jusqu'à 60 ou 70 degrés. Un fait simplement accidentel a fait reconnaître que l'on obtient les mêmes résultat par l'emploi de l'électricité.

A Digne, chef-lieu du département des Basses-Alpes, la foudre, tombée sur une maison appartenant à un grand propriétaire de vignes, pénétra dans la cave, brisa les cercles de fer de plusieur tonneaux dont le contenu s'écoula dans une fosse destinée à recueillir les vins répandus par suite d'accident ou pendant les opérations de soutirage.

Le propriétaire fit remettre ce vin en tonne, mais le croyant à peu près gâté; et pour atténuer la perte, le vendit à raison de dix centimes le litre. Trois mois après, s'étant avisé de goûter ce qui lui restait du vin foudroyé, il reconnut, à sa grande surprise, que loin de perdre, il s'était grandement amélioré et, à partir de ce jour, il ne voulut plus le vendre moins de soixante centimes.

Un ancien médecin militaire, M. Scoutteten, à qui le général Marcy-Monge avait raconté le fait, attribua l'amélioration du vin à l'action électrique et, pour s'en assurer, entreprit, de concert avec MM. Bouchotte, physicien distingué, et Vignotti, officier d'artillerie, des expériences directes d'électrisation sur des vins de diverses qualités. Un succès complet couronna ces recherches, car après avoir été soumis pendant un mois à l'influence du courant électrique provenant d'une pile, des vins durs, désagréables au goût, bon tout au plus à fabriquer du vinaigre, se trouvaient, au dire d'experts nombreux, de dégustateurs émérites, les uns transformés en produits des plus agréables au goût, les autres notablement améliorés.

Le hasard, qui se fait toujours la part du lion, dans les découvertes humaines, tint à honneur de jouer son rôle dans cette affaire. M. Bouchotte avait dans sa cave, dit M. Scoutteten, un tonneau de vin rouge de Moselle, de médiocre qualité; il l'électrisa pendant un mois puis l'oublia. Un jour cependant, cette affaire lui revint à la mémoire, et il chargea son tonnelier de mettre son vin en bouteilles, tout en l'avertissant du peu de cas qu'il en faisait. En gardien fidèle des us et des coutumes de la corporation, le tonnelier commença son travail par la dégustation, et à sa grande surprise trouva le vin exquis, délicieux, s'assura à diverses reprises qu'il n'était pas le jouet d'une illusion, et se décida enfin à aller prévenir M. Bouchotte que, loin d'être médiocre, le vin à tirer n'était rien moins que du *rancio* et un *excellent rancio*. Après des séries de dégustations répétées, par des palais sûrs de leur fait, on convint à l'unanimité que le vin électrisé avait été singulièrement transformé et amélioré.

L'opération d'électriser le vin est plus facile et plus à la portée de tout le monde que celle de le chauffer, et expose à moins de mécomptes. Elle consiste à faire plonger dans le tonneau rempli de vin, et à quelque distance l'une de l'autre, deux plaques de platine ou d'argent accrochées à deux fils de même métal se raccordant aux électrodes ou conducteurs d'une pile électrique de système quelconque : pile énergique de Bunsen ou piles plus faibles de Daniell ou de Marié Davy qui servent à mettre en jeu les appareils télégraphiques.

Ces appareils, ainsi que les substances qui servent à les charger, se trouvent à bas prix chez les fabricants d'instruments de précision ou chez les marchands de produits chimiques, et quelques minutes d'explication suffisent pour en connaître le maniement qui ne présente aucun danger. Pour électriser une bouteille de vin, il suffit d'un seul élément dit de *petit modèle,* — terme technique, — marchant pendant quinze jours ou trois semaines, mais pour un tonneau, la pile en activité d'une dizaine des éléments dits de *grand modèle.*

Les résultats obtenus jusqu'à ce jour permettent d'espérer que, conjointement avec le système de chauffage de MM. Vergnette et Pasteur, nous possédons pour l'amélioration et la conservation des vins un procédé nouveau peu coûteux et facile à mettre en pratique. Ces méthodes de chauffage et l'électrisation des vins acquièrent une importance d'autant plus sérieuse que, pour diverses causes, un certain nombre de vins français ne pouvaient jusqu'à présent ou se conserver ou supporter un transport un peu prolongé ; ils se trouvaient par conséquent à peu près exclus de la consommation éloignée du centre de production et du mouvement commercial avec l'étranger.

Débarrassés désormais des ferments putrides qui les décomposaient, ces vins devenus plus stables, ayant acquis plus de valeur, pourront être consommés purs sans être obligés de subir une série de douteuses manipulations que l'on appelle vinage, coupage etc., et sans doute contribueront à venir grossir le frêt que demande pour subsister notre marine marchande. (*Alm. Scientifique,* 1872, par M. Paul Laurencin .

X. *Entretien des Caves et Chais,* — Il va de soi que, s'il est réellement vrai que les végétations crytogamiques des vins altérés ont pour origine les poussières fermentescibles tenues en suspension dans l'air atmosphérique, les soins à donner aux vins exigent un air pur, en s'étendant également jusqu'aux divers objets de l'extérieur.

D'abord, il est urgent de faire régner dans les caves et les chais une température moyenne de 12 degrés, et d'écarter surtout les odeurs de matières en état de fermentation. Le sol des chais, les dalles des celliers, doivent être l'objet de la plus minutieuse propreté. Les murailles doivent également devenir le sujet d'une grande attention. Les détritus de légumes, de pommes de terre, de racines quelconques; les végétations, les mousses, dont l'humidité couvre certains murs et même *les futailles*, tout cela vicie l'air, en dégageant des émanations malsaines, qui ne tardent pas à altérer les vins les mieux soignés.

N'imitons donc pas la plupart de ces propriétaires ou viticulteurs, dont une bonne partie des chais, servent à la foi d'écurie et de magasin de légumes.

X. Lucas

XI. *Notes Additionnelles.* — Ces notes achèvent de révéler l'état où se trouve présentement la question des vins. Elles sont précédées d'un numéro qui se rapporte au chiffre romain placé devant chacun des articles précédents.

1. — Les cas d'altération ne sont certainement pas rares en France; souvent même ce sont les meilleurs vins qui présentent des symptômes de maladie. Les vins de Bourgogne, surtout, deviennent *amers* ou prennent tôt le *goût de vieux*. Les vins de l'Hérault, par exemple, sont sujets à *tourner*. Les vins blancs, et particulièrement ceux du Bassin de la Loire et de l'Orléanais sont fréquemment atteints de la maladie de *la graisse*. Mais *l'acescence* est, de toutes les maladies, la plus commune.

Les cinq dernières récoltes (1869-73) ont donné, en France, pour chaque année, une moyenne de 51 millions 250 mille hectolitres de vin. On estime cependant que la moitié de ces vins ne peuvent ni être transportés, ni être conservés, à cause de leur faible constitution. On ajoute que 3 millions d'hectolitres n'ont pu être offerts à la consommation bourgeoise : leur état étant critique.

2, 3 et 4. — Chaptal, en traitant de l'art de faire du vin, avait conclu que toutes les maladies des vins étaient dues à une prédominance du ferment sur les autres principes. Si, disait-il, l'excédant de la levûre agit sur les autres principes, alors se produit l'*acescence;* si au contraire, elle se décompose, apparaît en ce cas la maladie de la *graisse.*

Cette opinion régna longtemps parmi nous.

Un jour, cependant, le savant Liebig, après de sérieuses observations démontra, dans les vins, la présence de matières *organiques,* qui mettaient l'alcool en état d'absorber de l'oxygène. On comprit alors comment l'alcool des vins s'acidifie.

Chaptal, il faut le dire, avait reconnu, en dehors de sa théorie sur l'acescence, la présence, dans les boissons spiritueuses, de ces végétations parasites qu'il appela *fleurs du vin,* sans toutefois s'en expliquer ni la nature, ni les fonctions.

Arrive alors M. Pasteur. Nous l'avons vu examinant les vins tournés de 1861. D'après ce savant académien, c'est à ces végétations crytogamiques qu'il faut attribuer toutes les maladies du vin. Il explique l'origine de ces champignons destructeurs : il en précise les diverses sortes. Il y a les *fleurs du vin* : mycoderma vini *; les fleurs du vinaigre :* mycoderma aceti ; il y a même les *fleurs de la bière* : mycoderma cervisiæ. Ce sont tous des ferments très-dangereux.

5 et 6. — D'après M. Pasteur, c'est l'oxygène qui fait le vin et le vieillit. Ce gaz modifie les principes acerbes de la liqueur. On a vu comment il constitue, avec la matière colorante, un dépôt qui s'épanche sur les parois des bouteilles et des fûts. En somme, il faut aux vins de l'oxygène ; mais son introduction doit, toutefois, être lente et raisonnée, car autrement, ainsi que l'a démontré M. Berthelot, l'action brusque de ce gaz produirait l'*event*, la perte du bouquet.

7. — Notre question une fois posée, nous n'attendons plus de réponse que du temps et des expériences. Voici pourquoi : — En 1870, le Ministre des finances saisit l'Académie de Médecine de la question du vinage, en la priant de faire connaître son opinion au point de vue de l'hygiène publique. Le docteur Bergeron, rapporteur, établit d'abord : 1º que tout vin additionné d'alcool n'est plus un produit naturel ; que, dans l'espèce, l'alcool restant libre dans le vin, il exerce sur l'organisme une influence des plus nuisibles ; 2º que, néanmoins, le vinage

10

offrant certains avantages incontestables, il est peut être bon de le
tolérer, ou plutôt de le réglementer de façon que l'introduction de
l'alcool ne puisse dépasser environ trois pour cent; qu'elle ait lieu, non
dans le tonneau, mais bien dans la cuve de vendange; et qu'on fît enfin
usage d'esprit-de-vin seulement, et non d'alcool de grain ou de
betterave.

Ces conclusions ne parurent pas conformes aux vues de M. Bouley
qui les combattit avec énergie.

Le directeur de l'Ecole vétérinaire d'Alfort, après avoir protesté contre l'immixtion de la loi dans les affaires du commerce, prétendit et
soutint que l'opération du vinage constitue un des moyens connus et
pratiqués pour la conservation, si souvent aride, de nos vins de France.
Et il ajouta, enfin, que l'alcool introduit dans le vin n'y demeure pas
à l'état libre; et que l'expérience prouve que lorsqu'on ajoute de l'alcool au vin, ce liquide se trouble, comme un dépôt de tartre, et dès
lors perd la plus grande partie de son acidité. Avec le temps, a dit M.
Bouley, l'alcool se combine aux acides subsistant et forme des éthers
d'un arôme suave. Ainsi passé à l'état d'*éther composé*, l'alcool n'est
plus libre et ne peut produire les effets de l'alcool pur.

En vérité, cette question est plus contestable qu'on ne l'imaginerait
d'abord. Nous continuons donc à croire, avec M. Pasteur, que le vinage est une de ces opérations douteuses sur lesquelles la science ne s'est
pas encore suffisamment expliquée.

8, 9 et 10. — Etant prouvé que la présence des végétations micros-
copique est la seule cause de l'altération des vins, il suffit donc, pour
sauver ces liquides, de tuer dans leur développement ces végétaux parasites. M. Pasteur a songé au chauffage; et, déjà, la commission, qui,
en 1865, fut chargée d'examiner les échantillons conservés par ce vail-
lant académicien, donna au promoteur du système la plus flatteuse
approbation.

Nous avons dit le *promoteur* : ce titre fut cependant contesté à M.
Pasteur, auquel on voulut prouver que le système conservateur d u

chauffage, avait été proposé ou essayé, depuis longues années, par des personnes qui, selon nous. ont eu le tort de ne pas l'entourer de toutes les conditions pratiques et nécessaires.

XAVIER LUCAS

DE L'ALCOOL

ET DES EAUX-DE-VIE

De l'alcool et de sa composition chimique ; — Des produits de son oxydation ; — Notice sur les Eaux-de-vie de Cognac ; — Du pesage des liquides substitué à leur mesurage : système de M. Sourbé de Bordeaux.

I. *De l'alcool et de sa composition chimique.* — On sait que toutes les substances végétales, les fruits, les céréales, les pommes de terre, etc., contenant une matière sucrée, donnent, par la fermentation, l'alcool proprement dit. L'esprit-de-vin est l'alcool que l'on obtient par la distillation des vins. Sa formule chimique est : Carbone, 4 équivalents ; Hydrogène, 6 ; Oxygène, 2.

L'Alcool est très-avide d'eau : il détermine une élévation de température et une contraction lorsqu'on le mêle avec ce liquide.

Ce qu'on appelle en chimie *l'alcool absolu,* c'est-à-dire celui qui a été privé d'eau, autant qu'il est possible de le faire, est un liquide transparent, très-fluide et très-volatil, d'une saveur brûlante. Aucun froid artificiel ne peut le solidifier.

Nous n'avons pas besoin, croyons-nous, d'indiquer ici ses usages nombreux. Il est employé par le liquoriste et le pharmacien ; mais son abus, comme boisson, fait beaucoup de victimes parmi nos populations. On peut facilement évaluer à plus de quatre cent mille le nombre des individus qui, en Europe, chaque année, en font un usage abusif. L'alcool est absorbé soit sous forme d'eaux-de-vie, dont les plus renommées sont celles des deux Charentes, de l'Armagnac, soit sous forme de liqueurs, plus ou moins sucrées, comme l'anisette, le curaçao, la chartreuse, et, plus ou moins amères, comme l'absinthe, le bitter, etc. En 1788, la consommation annuelle de l'eau-de-vie, en France, atteignait à peine deux cent mille hectolitres; aujourd'hui elle dépasse 3 millions.

L'*Eau-de-vie*, comme on sait, est un mélange d'alcool à un volume à peu près égal d'eau distillée. L'*Aldéhyde*, en chimie, est le premier degré d'oxydation de l'alcool, dont la formule chimique s'est ainsi modifiée : Carb⁴ Hydrog⁴ Oxyg². L'Oxydation supérieure fournit l'*Acide acétique* (base de tous les vinaigres), qui offre à l'analyse : C⁴ H⁴ O⁴ .

L'art de la distillation devait être connu bien avant le moyen-âge. Toutefois, on cite Raymond Rulle et Arnaud de Villeneuve, du VIIIᵉ siècle, comme étant les premiers qui distillèrent le vin pour en extraire l'alcool.

X. Lucas.

II. *Des Eaux-de-Vie de Cognac.* — On désigne sous ce nom toute la production spiritueuse offerte par les vignobles réunis de la Charente et de la Charente-Inférieure; toutefois l'arrondissement de Cognac fournit — et c'est-là la raison de sa prééminence — des qualités que nul autre ne peut lui disputer. Pourtant, il existe certains vignobles dont les produits sont parfois si fins, si délicats que leur dégustation, sur la place, même de Cognac a souvent mis en défaut l'organe le plus compétent, et ce n'est sans doute qu'à cause du chiffre restreint et d'une certaine variabilité qu'offrent ces produits, qu'on a vu le commerce ne point vouloir reconnaître la similitude existant entre ces eaux-de-vie et celles de premier ordre du royal arrondissement.

Les eaux-de-vie des Deux-Charentes doivent leur réputation à la délicatesse et à la puissance opiniâtre de leur arôme. Cette puissance d'arôme est portée à ce point que, depuis quelques années, la fraude brave à la fois la chimie et les plus habiles dégustateurs (1). Disons en passant combien cette fraude, qui alarme le commerce honnête, expo-

(1) On falsifie aisément ces eaux-de-vie par l'addition plus ou moins allongée d'alcool de grain et de betterave.

se les alcools des plus hauts-crûs à tomber en disgrâce auprès de l'Étranger.

L'eau-de-vie de Cognac donne lieu à un mouvement d'affaires que l'on peut aujourd'hui estimer à cent millions de francs : l'allemand, le russe, l'anglais, le suisse, l'américain attachent aux produits charentais une considération particulière que diminuerait sensiblement la certitude acquise que l'on peut audacieusement falsifier le Cognac par l'addition d'eaux-de-vie communes. Ainsi, les avantages obtenus un moment par la fraude, se convertiraient bientôt en pertes réelles pour le commerce français.

Les cépages qui semblent être en faveur et qui produisent le plus, sont le Balzac et la Folle-Jaune (1). On plante également le Colombat et le Saint-Émilion. La Folle-Jaune donne un vin qui fait, paraît-il, la meilleure eau-de-vie.

Nous abordons maintenant le classement des crûs, et nous donnerons, ensuite d'après M. Coquand (aux études duquel nous empruntons la matière de cette notice) nous donnerons, disons-nous, la raison unique de la différence des divers produits de la Charente.

L'arrondissement de Cognac a été partagé en trois contrées vinicoles, savoir : la *Grande-Champagne,* la *Petite-Champagne* et le *Pays-de-Bois.* La Grande-Champagne est cette portion de terrain comprise entre Segonzac et Barbezieux, depuis Nouaville jusqu'à la rivière du Né. Ce sont des côteaux qui offrent des couches crayeuses et friables constituant l'étage *campanien.* On donne le nom de Petite-Champagne à la plaine qui s'étend de Cognac à Châteauneuf, et qui est limitée au sud par les côteaux de la Grande-Champagne, au nord par le bourrelet rocheux qui borde la Charente. La composition géologique du sol de la Petite Champagne donne des couches calcaires inférieures constituant l'étage *santonien* : les bancs présentent une pierre plus solide, moins crayeuse, mais empruntant néanmoins quelque chose de la friabilité des bancs

(1) Un hectare de vigne peut produire en moyenne, chaque année, de 30 à 40 hectolitres de vin, et il faut environ *neuf* hectolitres de vin pour en produire *un* d'eau-de-vie. Toutefois, les très-bonnes années ont donné 60 hectolitres de vin par hectare de vigne.

campaniens. Enfin, le Pays-de-Bois est formé des contrées situées sur la rive droite de la Charente. Un tel nom vient de ce que ces contrées jadis très-boisées, ont successivement abattu leurs bois au profit du développement de leurs vignobles. Ainsi, les eaux-de-vie de cette division sont appelées *Bois*. On désigne également sous ce nom tous les alcools provenant des vignobles cultivés hors de l'arrondissement de Cognac (1). Le sol du Pays-de-Bois est composé de calcaires durs à rudistes recouverts par les sables et les argiles tertiaires.

Coquand, prenant note des circonscriptions ainsi établies par le commerce, supposa d'abord qu'elles devaient concorder avec les divisions géologiques du département. Une étude plus profonde et diverses excursions le confirmèrent dans cette opinion. Nous venons d'indiquer la composition du sol des trois grandes catégories qui constituent le classement des vignobles de l'arrondissement de Cognac : on peut donc s'assurer que les grands crûs de la Grande-Champagne comportent une composition différente de celle de la Petite-Champagne, de celle aussi du Pays-de-Bois. Le savant professeur (2) a donc conclu de ces différences, que « la vigne, pour produiree bonnes eaux-de-vie, » sera placée dans des conditions d'autant plus favorables qu'elle rencontrera un sol plus *léger et friable*. »

Or, le sol de la Grande-Champagne est léger et friable : ses eaux de-vie se paient 25, 30 et 40 francs de plus que celles de la Petite Champagne. Ces dernières valent 5 et 10 francs de plus que celles du Pays-de-Bois, à cause que le sol de ce pays est composé de *calcaire dur et d'argiles tertiaires*.

Dans l'arrondissement d'Angoulême, il y a les cantons de Blanzac et de la Valette qui produisent parfois, souvent même, des alcools de qualité supérieure.

(1) Les eaux-de-vie de la Charente-Inférieure sont ainsi appelées, de même qu'elles sont dites eaux-de-vie de Cognac. Dans ce département on remarque les produits de St-Jean-d'Angely, de Pons, etc.

(2) M. Coquand était encore, il y quelques années, professeur de géologie à la Faculté des sciences de Besançon.

L'arrondissement de Barbezieux présente aussi les mêmes cas. M. Coquand, consultant de nouveau sa carte géologique, remarqua que le sol de ces contrées appartenait également aux couches crayeuses et friables de l'étage *campanien*, seulement ces couches sont, en ces endroits, recouvertes de dépôts sablonneux et absolument nuisibles à la stabilité des produits. Cette observation permet de croire que des soins spéciaux donnés à la vigne auraient pour effet d'augmenter à la fois la qualité et le prix de ces eaux-de-vie. Quoiqu'il en soit, jusqu'à ce que des perfectionnements positifs aient été apportés dans la culture de ces vignobles, ces derniers seront classés, assez injustement, mais ainsi que l'a voulu le commerce, parmi les divers crûs du Pays-de-Bois.

Y. DE VILLENEUVE

III. *Du pesage des liquides substitué à leur mesurage.* — Des expériences comparatives ont eu lieu, à Bordeaux, entre le dépotage des liquides et leur pesage, dont M. Sourbé est le promoteur; et, toutes choses bien considérées, il en résulte que ce dernier système serait le plus avantageux pour des articles tels que le trois-six et les vins fins.

Ces expériences, auxquelles assistaient deux membres de la Chambre de Commerce de cette ville, ont en effet démontré que l'un des plus habiles dépoteurs-jurés de Bordeaux, opérant sur un lot de 5 pipes de trois-six, pouvait commettre une erreur de 21 litres 46 centi-litres., erreur augmentée de la perte d'un quart de degré par évaporation.

Sur le rapport de ses délégués, la Chambre de commerce a conclu : 1° que, quand à *l'exactitude*, le système du pesage l'emporte incontestablement sur le système du mesurage; 2° que le commerce peut donc, quand il voudra, *par un accord préalable*, lui donner la préférence; 3° que, toutefois, si le pesage peut corriger les erreurs du mesurage, ces erreurs ne sont pas d'une importance assez grande pour conseiller l'abandon de l'ancien système, *qui est dans les habitudes et les usages du commerce, et qui jouit de sa confiance.*

Cette dernière conclusion ne peut guère s'expliquer que par le désir où se trouve la Chambre de ne pas imposer un système que le commerce peut employer de lui-même, s'il le juge convenable. Par exemple, la commission permanente de viticulture, à la suite d'un rapport sur cette matière, a voulu se montrer moins réservée, en recommandant auprès de l'administration des contributions indirectes, des producteurs et des commerçants, les *opinions exposées et justifiées* par M. T. Sourbé,

Disons en terminant, que le système particulier à M. Sourbé « consiste en ce qu'étant connue et établie sur des tables, la corrélation qui existe entre le poids métrique et le volume des liquides, (à une température et degrés déterminés), à trouver la contenance de la futaille en la pesant. »

Pour le vin, le titre pondéral étant déterminé à l'aide d'un aéromètre spécial, les tables de M. Sourbé indiquent les volumes correspondants.

Ed. DAVID.

DES VINAIGRES

De la base des vinaigres et de sa composition chimique ; — Sur l'acétification ; — Des mycodermes de M. Pasteur, et des matières organisées de Liebig et de Chaptal ; — Vinaigre de vin ; — — Du procédé d'Orléans ; — Du procédé de M. Pasteur.

Il nous a été demandé, par un de nos souscripteurs, une revue analytique des divers procédés employés pour la fabrication des vinaigres du commerce. Nous nous rendons volontiers à ce désir, en prévenant toutefois nos lecteurs que cet examen, devant s'exercer sur bon nombre de systèmes acquis, il nous faudra le continuer dans nos fascicules les plus prochains.

I. *Acide acétique.* — C'est la base de tous les vinaigres. On l'obtient, par exemple, en faisant tomber de l'alcool, goutte à goutte sur de la mousse de platine ou sur tout autre corps poreux. L'acide acétique est très-avide d'eau, et c'est ainsi qu'en principe on fabrique les vinaigres, en ayant soin seulement d'en observer les titres. Cet important dérivé de l'alcool est solide au-dessous de plus de seize degrés ; au-dessus, il est liquide, incolore, limpide et d'une odeur pénétrante. Sa formule chimique est : Carbone 4 parties, Hydrogène 4, Oxygène 4.

C'est donc par l'action de l'Oxygène que l'alcool se transforme en acide acétique ; mais pendant fort longtemps on crut que cette action avait lieu d'une façon plus ou moins directe. Depuis les études de M. Pasteur sur la fermentation alcoolique, on admet assez généralement que l'oxydation de l'alcool a lieu par l'intermédiaire d'un végétal, que l'académicien a fait connaître sous le double nom de *fleur de vinaigre* et de *mycoderma aceti* (1). En un mot, ce mycoderme aurait pour fonction vitale d'absorber l'oxygène de l'air et d'en provoquer la fixation sur l'alcool. C'est d'ailleurs ce principe qui a conduit M. Pasteur à la découverte d'un procédé, dont nous aurons à nous occuper tout à l'heure.

Il est inutile de rapporter, ici, ce que l'un de nous a dit en traitant *des vins*, à savoir que Chaptal et Liebig avaient déjà connu ou à peu près, l'action médiatrice de ces matières organisées.

II. *Du procédé d'Orléans.* — De vieux tonneaux, à demi remplis de vinaigre, sont placés dans des chais où règne une température de 35 degrés. Quand on veut entrer en opération, on verse dans chacun de ces tonneaux environ dix litres de vin, que l'on a fait préalablement tomber à plusieurs reprises le long de copeaux de hêtres, pour le charger de la matière azotée qui joue le rôle de ferment acétique. En même temps, on retire du vaisseau une dizaine de litres de vinaigre. Cette addition de vins et ce tirage d'un même volume de vinaigre, se répètent **tous les huit jours**, pendant un mois environ.

III. Nous reviendrons, un jour sur l'application industrielle du procédé ci-dessus. En attendant, abordons celui que M. Pasteur a découvert, et qui ne nous paraît pas avoir été adopté par la foule des vinaigriers ; peut-être aussi parce que ceux-là en ignorent tous les détails. **Nous allons** donc les leur exposer. — Ayant préparé le liquide qui doit subir l'acétification, en ajoutant à l'eau deux pour cent de son vo-

(1) Voir nos notes sur les vins.

lume d'alcool, un pour cent d'acide acétique, 10 millièmes de phosphates de potasse, d'ammoniaque et de magnésie, et enfin quelque quantité de bière ou d'eau d'orge, — on répand sur la surface de ce mélange la *fleur de vinaigre* (mycoderna aceti), que donne abondamment la fabrication de l'acide acétique, C'est à l'aide d'une baguette de verre que l'on dispose la semence sur le liquide, en prenant soin de ne la pas laisser submerger. La proportion de mycoderne à répandre est d'environ 10 centimètres carrés pour cent de surface du liquide.

Deux ou trois jours après, si la température est à 15 degrés, la jeune plante recouvre la surface entière de la liqueur, dont l'alcool s'est transformé en acide acétique. Il est urgent, dès lors, d'ajouter chaque jour, par petites quantités, de l'alcool, du vin ou de la bière alcoolisée, jusqu'à ce que mycoderne commençant à perdre de ses propriétés, on arrête l'opération. Puis, quand les dernières parties de l'alcool se sont converties en acide, on soutire le vinaigre formé, et l'on remet la cuve en travail par l'addition de nouvelles matières.

Les cuves d'un mètre carré de surface, contenant 50 à 100 litres de liquide, fournissent par jour environ de cinq a six litres de vinaigre.

Les vaisseaux les plus grands que l'inventeur se soit servi, avaient un mètre carré de surface et 20 centimètres de profondeur. Ils étaient en bois, munis de couvercles, et portaient des ouvertures de petites dimensions. Deux tubes de gutta-percha, fixés sur le fond de ces tubes et percés latéralement de petits trous, servent à l'addition alcoolique. Enfin, on loge dans une autre ouverture un thermomètre, dont la tige graduée en fractions de degré se voit à l'extérieur.

M. Pasteur, qui d'abord s'était fait breveter pour éviter qu'un industriel habile ne s'avisât de profiter *pour lui seul* de cette découverte, n'a pas tardé à offrir gratuitement son brevet à tous les vinaigriers.

ED. DAVID.

BULLETIN DE L'EXTÉRIEUR

1. COCHINCHINE FRANÇAISE. — La colonie prend un aspect charmant. Il y a progrès dans le développement et l'utilité des travaux entrepris par la Direction supérieure. On travaille, chaque jour, à assainir les terrains marécageux; les routes s'affermissent; des lignes télégraphiques et des voies ferrées ont surgi; enfin, on vient de fonder un arsenal pour la réparation des navires, A Saïgon la capitale, l'industrie paraît vouloir prendre de l'extension, et l'on peut citer déjà bon nombre de forges, d'ateliers de charronnage, de carrosserie, et des chantiers de construction. En traversant le fleuve et en remontant l'arroyo de l'Avalanche, on côtoie l'arsenal, les docks (à terminer), des scieries à vapeur, divers chantiers, etc. Les villes de Saïgon et de Cholen sont les plus remarquables et en même temps les deux centres principaux du commerce de la Cochinchine. Cholen abonde de marchands chinois, très-intelligents, très-actifs, qui se plient avec une rare facilité aux idées et à la civilisation françaises, et qui surtout redouteraient fort, aujourd'hui, le retour dans ces pays du régime annamite, ainsi que le faisait remarquer naguère l'inspecteur des Affaires indigènes, Garnier (1).

Quand au mouvement des affaires commerciales dans ces contrées, il est presque inutile d'en parler : la colonie ne donne rien ou à peu près. En 1865 le chiffre total des importations et des exportations pouvait aller à 35,842,700 francs. Pour l'année 1873, cette valeur a pu s'élever à environ 50 millions. Toutefois les recettes locales ont résultats nets si personne ne vient remplacer les notions de la routine donné au Trésor, l'année dernière, près de 15,500,000 francs. C'est beaucoup, pensons-nous, pour un mouvement d'affaires aussi restreint.

Il ne serait pas juste de croire que la colonie ne peut produire 2)

(1) Ce M. Garnier est le même enseigne de vaisseau qui, chargé, vers la fin de 1873, d'aller négocier avec la cour de Hué un traité d'amitié et de commerce, fut massacré par les rebelles de Tongking.

(2) Le sol est riche et fertile. L'année y est partagée inégalement en deux saisons.

et qu'elle est destinée à rester toujours suspendue aux mamelles de la mère-patrie. Seulement l'agriculture manque de bras : nos colons se livrent exclusivement aux opérations du commerce et abandonnent à des indigènes, peu habiles du reste, la culture du sol colonial. Les annamites sont plus aptes à travailler dans les manufactures qu'à s'employer aux travaux si pénibles de la terre. En fait de culture, ces indigènes préfèrent se consacrer aux jardins d'agrément. Ils aiment l'aspect riant de la campagne, et ont un goût prononcé pour l'ornementation par les fleurs. Au surplus, que pourraient-ils donner en par les bienfaisants principes du progrès ? Ainsi, c'est dans la province de Biên-hòa qu'on cultive le plus la canne à sucre : mais malheureusement les procédés industriels, employés par les annamites pour la fabrication du sucre, sont à ce point inférieurs que cette province ne peut soutenir la concurrence des colonies sucrières voisines, cependant moins bien approvisionnées.

Pour faire de la Cochinchine une source de richesses pour la France, il suffirait de mettre en pratique les différents moyens indiqués par M. E. de Jonquières, dans un rapport, déjà ancien, adressé au gouvernement de la Colonie.

La richesse et la puissance de la Cochinchine exigent, dit-il : 1º des importations relatives aux races bovines et chevalines ; 2º la création de grandes fermes agricoles principalement dirigées en vue de la production de la viande de boucherie, de prairies, d'exploitations sucrières, tinctoriales ; 3º l'introduction de bateaux à vapeur de rivière, et de machines propres à l'agriculture et à l'industrie ; 4º la distillation des oléo-résines ; 5º la fourniture d'un bois propre aux constructions durables ; 6º la découverte de carrières exploitables de calcaires, de matériaux de construction, de houille et de métaux usuels ; 7º la création d'*ateliers* indigènes *d'imprimerie* destinés à répandre dans le peuple annamite la connaissance et l'usage de nos caractères romains.

« De décembre à la fin d'Avril la végétation semble arrêtée dans une atmosphère embrasée que pas une goutte de pluie ne vient rafraîchir. » Après ce temps viennent de fortes pluies, qui détrempent la terre et la rendent ainsi propre aux soins de toute espèce de culture.

La plupart de ces moyens sont réalisables à bref délai ; mais nous ajoutons un huitième point, savoir qu'il est indispensable que le gouvernement français organise sans retard un mouvement d'émigration qui amène dans nos colonies des masses de gens aptes aux travaux de l'agriculture. Il y a quelques années, (deux ans peut-être), le gouvernement, s'alarmant du mouvement progressif de l'émigration béarnaise et basquaise, voulut connaître au juste les causes majeures qui déterminent ainsi nos compatriotes à abandonner leur pays. A cet effet, il institua une commission d'enquête. Cette question a-t-elle été instruite à fond, comme du reste elle le méritait ? nous l'ignorons. Quoi qu'il en soit, nous croyons que nos gouvernants répondraient à la fois aux nécessités de nos colonies et surtout aux intérêts de la France, en attachant à l'émigration coloniale des avantages réels et séduisants. Dans les premiers temps, en Cochinchine, on accordait des concessions de terrains aux indigènes cultivateurs, il faudrait faire bien davantage même en faveur des émigrants français.

Y. DE V.

II. ALGÉRIE.— Nous dirons peu de chose de cette colonie, qui est, pour dire ainsi, à quelques pas de nous, Au surplus, nous croyons cette utile auxiliaire dans la voie du progrès. En 1872, ses importations se sont élevées à 66,020,553, ses exportations à 75,654,465, soit au total : 141,675,018 francs.

Pour cette même année, le service des douanes a perçu 3,078,409 francs. — Le mouvement maritime de cette colonie avait offert un tonnage de 1,083,362 tonneaux.

III. NOUVELLE CALÉDONIE. — Voici plus de vingt ans que l'Amiral Febvrier-Despointes a mis la France en possession de ces terres, (dernier lieu : sept. 1853), et la colonisation n'a jamais été tentée qu'il y a trois ans environ. Aussi ne peut-on à peu près rien dire de l'avenir de cette colonie, où pourtant des essais de culture paraissent pouvoir promettre des résultats sérieux à toute vaste entreprise, menée surtout avec intelligence et activité. Quoiqu'il en soit, tout est à créer. Les moyens de communication et d'échange font défaut ; la presse y est toute nouvelle, et pendant fort longtemps le silence le plus complet s'est fait autour de la Nouvelle-Calédonie, dont un point capital (Nouméa) n'est seulement séparé de Sydney que par 1,500 kilomètres. On parlait, il y a peu de temps, de l'établissement d'un cable sous-marin reliant ces deux points. La réalisation de ce projet serait un bienfait pour notre colonie. Il faudrait également créer quelques lignes maritimes qui desserviraient la contrée la plus propice. Cela serait facile à faire, ce semble, puisque chaque mois les paquebots de la Nouvelle-Zélande, des Etats-Unis, de Singapore passent devant la Nouvelle-Calédonie sans daigner s'y arrêter.

Que peut-il résulter d'un pareil état de choses?

D'abord le maintien perpétuel de la Colonie dans une situation misérable ; ensuite le sujet toujours croissant de grosses dépenses pour la France.

Une mercuriale du marché de Nouméa (1873) constatait les prix des denrées suivantes :

Haricots secs. . . . »ᶠ 75ᶜ le kilog.
Lentilles. . . . . . . 1 » dᵒ
Vermicelle . . . . . 2 50 dᵒ
Viandes fraîches. . 3 » dᵒ
Œufs. . . . . de 4 à 5ᶠ la douzaine.
Vin ordinaire de 300 à 350ᶠ la barrique, etc.

Il est certain que des relations fréquentes avec la métropole permettraient à nos colons de vivre à meilleur compte, et de multiplier surtout leurs productions par l'alimentation des instruments de travail.

Nous avons reçu tout dernièrement des nouvelles d'une personne établie dans cette possession océanienne : les termes de ses lettres ne nous apportent point les traits du tableau assombri que la plupart des journaux français ont emprunté, il y a quelques mois, à la plume de certains évadés politiques. Notre correspondant croit fermement que la Nouvelle-Calédonie répondra un jour au vœu de tous, si toutefois, le

gouvernement français veut bien favoriser l'émigration, accorder des
des avantages spéciaux aux colons, et donner enfin à la colonie des
administrateurs, qui, en dehors de leurs attributions militaires, soient
pleins de sollicitude et d'initiative pour les intérêts et le développement des forces coloniales.

Y. DE VILLENEUVE

STATISTIQUES

ET FAITS DIVERS

D'après des calculs, (dont nous ne nous portons pas garants, bien
entendu), l'ensemble des importations et des exportations *sur toute la
surface du globe* s'élevait, en 1860, à la valeur de 36 milliards de
francs. Dix ans plus tard, en 1870, ce chiffre montait à 55,608,000,000
de francs.

Le mouvement du commerce général de la France, pour 1872, —
importations et exportations réunies, — présente une valeur de
francs : 9 milliards, 258 millions.

Le chiffre total de l'année 1871 n'avait donné que 7 milliards, 231
millions.

La valeur totale du commerce extérieur de l'Angleterre, en 1855,
n'avait été que de 6 milliards, 509 millions de francs.

Vers cette même époque, la France n'offrait, année moyenne, qu'un
mouvement de 4 milliards, dont 2,100,000,000 de francs pour l'exportation et 1,900,000,000 pour l'importation. Et la valeur totale des
échanges annuelles était, dans la période de 1825 à 1830, de 1 milliard
200 millions seulement.

La Belgique ne faisait guère qu'un million de franc s d'affaires au
dehors. Quant à la Russie, (toujours vers 1855-56), son commerce se
chiffrait par 600 millions. La Belgique est surtout en progrès.

Le service des douanes a perçu, en 1872, la somme de 181,548,265 francs.

Pour les 7 premiers mois de 1874, la perception a été (pour la douane et les contributions indirectes) de 621 millions 200 mille francs.

Les boissons et le droit de fabrication des bières, donnait, à eux seuls au même service et aux contributions indirectes, pour 6 premiers mois de 1874, environ 161 millions, 136 mille francs ; recette qui, en 1865, n'allait qu'au chiffre. de 107,547,000

Dans ces sept premiers mois 1874 la France a importé pour une valeur de 2,206,719,000 francs. La période correspondante de 1873 n'avait offert que 1,916,941,000.

Les exportations ont donné, pour le même temps, un mouvement de 2,080,515,000. La période de 1873 avait offert d'avantage : 2,218,799,000.

La récolte du vin est, après celle du blé, celle d'entre toutes les autres qui offre, en France, une statistique sérieuse.

En 1788, la récolte moyenne était de 25 millions d'hectolitres ; en 1857, à cause des diverses maladies de la vigne, elle ne donnait pas plus de 29 millions 788 mille hectolitres.

En 1869, on est remonté à 70 millions d'hectolitres : c'est une des meilleures années. En effet, on compte généralement *une* seule bonne récolte pour *cinq* années consécutives.

Ainsi, après cette dernière récolte si précieuse, 1870 n'a donné que 53,500,000 hectolitres ; 1871, 57 millions ; 1872, 50 millions ; enfin 1873 environ 35,750,000 hectolitres. Cette année-là, la gelée avait fait beaucoup de mal.

L'année 1874 n'a peut-être pas donné le résultat de 1869. Toutefois, peu s'en faudra : la différence ne sera sans doute que de quelques millions d'hectolitres. C'est ce que nous apprendra l'année 1875.

Pendant les dix-sept années du régime de juillet, les droits sur les boissons ont fourni au Trésor une somme totale de 1.570,466,942 francs.

En 1852, l'impôt sur les boissons était inscrit au budget pour 101 millions. Le projet pour 1873 l'inscrivait pour la somme de 330,839,000 francs.

En six mois (1873-1874), les distillateurs et bouilleurs ont fabriqué 865,000 hectolitres d'alcool. Enfin avril, le commerce intérieur et l'exportation en avait déjà consommé 164,000.

La productions des alcools pendant la campagne de 1872-73 s'était élevée à 1,486,000 hectolitres, dont 303,000 d'alcool de vin ; 262,000 de betteraves ; 191,000 de mélasse.

Les droits qui pèsent sur ces produits en arrêtent à coup sûr l'écoulement à l'extérieur et stimulent une fraude déloyale. La chambre de commerce de Montpellier, tout en constatant que le chiffre de l'exportation des eaux-de-vie se maintient à 250,000 hectolitres, déclare toutefois que ce mouvement tend à décroître. Ce chiffre est d'ailleurs fort maigre, si l'on veut bien tenir compte du total de la récolte annuelle.

Les cinq premiers mois de 1874 n'ont pas permis d'expédier plus de 46,000 hectolitres d'eaux-de-vie en Angleterre, notre bonne cliente : tandis que les périodes correspondantes de 1873 et 1872 offraient environ 154,000 hectolitres.

Edmond DAVID.

TABLEAU des Principaux Corps Chimiques dont il a été parlé dans ce fascicule.

PRINCIPES INORGANIQUES.

1-2. — OXYGÈNE ET AZOTE. — Ce sont deux gaz incolores, insipides, inodores, dont le mélange constitue l'air atmosphérique. On sait que l'Oxygène est indispensable à la respiration des animaux ; mais

12

l'Azote, au contraire, à l'état pur asphyxie ces derniers. Toutefois, comme on le verra plus loin, l'Azote entre nécessairement dans l'alimentation, dans l'organisation des êtres vivants. La composition de l'air exige, pour cent parties, environ 20,90 d'oxygène et 79,10 d'azote. On y rencontre aussi quelques traces de carbone.

3. — CARBONE. — Le Carbone est le principe du charbon ; c'est également une des bases principales de toute matière organique du régne animal et du régne végétal. Le carbone pur et cristallisé donne le *diamant*, le *graphite*, *l'anthracite*, etc. Ce corps est donc très-répandu dans la nature. En se combinant avec l'oxygène (CO_2) il forme l'*acide carbonique*, dont nous avons souvent parlé.

4. — HYDROGÈNE. — Gaz incolore, insipide, inodore, impropre à la respiration. Combiné avec l'oxygène, ils constitue l'*eau*. La composition de ce liquide demande, pour cent parties, 11,83 d'Hydrogène et 88,87 d'oxygène.

5-6. — CHLORE ET SODIUM. — Le chlore est un gaz jaune-verdâtre, qui existe à profusion dans la nature.

Le sodium est un métal dont les divers composés se rencontrent abondamment dans l'eau des mers.

La combinaison du chlore et du sodium (chlorure de sodium) donne le *sel marin* ou *sel gemme*, dont les usages sont connus de tous.

La soude, dite artificielle, s'obtient en faisant chauffer dans des fours spéciaux du sel marin, préalablement traité par l'acide sulfurique, avec du calcaire et du charbon pulvérisés (procédé Leblanc).

7. — SOUFRE. — Ses usages sont connus. On l'emploie maintenant contre certaines maladies de la vigne. Un négociant de Bordeaux constatait que ce traitement altère souvent le raisin. Il n'y a là rien qui nous étonne. On sait que le soufre, par ses combinaisons avec l'oxygène, donne l'*acide sulfureux* et l'*acide sulfurique*. Or, ces deux acides attaquent les végétaux. Le dernier surtout absorbe l'eau et désorganise les matières végétales et animales.

PRINCIPES ORGANIQUES. (¹)

1. — MATIÈRES ALBUMINOÏDES (ou Azotées.).

Ces matières ont une base commune, la Protéine, dont la composition est $C^{40} H^{34} Az^5 O^{12}$ — La plus connue de ces substances est assurément l'*Albumine* qui constitue le blanc d'œuf, et qui forme la plus grande partie des êtres organisés animaux. Les matières albuminoïdes, *ou Azotées*, sont indispensables à l'alimentation. M. Payen, membre de l'Institut, a calculé que les pertes quotidiennes d'un homme s'élèvent à environ 20 grammes d'azote et 310 de carbone : pertes que les aliments sont tenus de combler, en offrant à nos organes digestifs des matières albuminoïdes et amylacées.

2. — MATIÈRES AMYLACÉES (ou non Azotées).— Elles ont pour base commune le principe amylacé dont la formule est : $C^{12} H^{10} O^{10}$ — Les deux formes les plus simples de ce principe sont l'*Amidon* et la *Fécule*. Les principaux dérivés de ces substances sont la *dextrine*, le *glycose* (de la famille des sucres), l'*alcool*, l'*acide acétique*, la *glycérine*.

3. — CORPS GRAS. Formule : C. H. O. en proportions variables. — Les *graisses*, les *huiles*, les *suifs*, sont tous composés de glycérine et des trois acides margarique, oléique et stéarique. Seulement, l'acide *margarique* domine dans les graisses et les beurres ; l'acide *oléique* dans les huiles, et l'acide *stéarique* dans les suifs.

4. — (Chimie Végétale). — ACIDES VÉGÉTAUX.

1° *Tannin ou acide tannique* ($C^{18} H^2 O^{13}$) Se trouve surtout dans les écorces et dans ce qu'on appelle la *noix de galle*. Le tannin est d'une saveur astringente. Il est utile aux vins, dont il facilite, parait-il la clarification et la conservation. La médecine l'emploie, mais le considère incompatible avec la *gélatine*, etc. Le tannin, en effet, précipite la gélatine Ne serait-ce pas quand le tannin manque, que se révèlent *ces filaments*, accompagnés d'une substance *mucilagineuse*, dans tous les vins malades et dits *gras, huileux, filants* ? Ces filaments, qui, d'a-

près M. Pasteur, s'introduiraient dans les vins avec les grains de rai-
sins pourris sur le cep, doivent se rencontrer dans tous les vins ; seulement l'action du tannin les précipiterait sans doute au fond des tonneaux, pour être plus tard enlevés par les soutirages.

2° *Acide tartrique* (C^8 H^6 O^{12}) existe dans le raisin à l'état de bitartrate de potasse et de tartrate neutre de chaux. Ces deux sels sont insolu-
bles dans les liquides alcoolisés, et c'est pourquoi ils se précipitent au
fond des fûts et des bouteilles. Ils sont mieux connus sous le nom de
tartre ou de *gravelle*.

XAVIER LUCAS.

NOTES. — Pour le chimiste, le mot *combustion* est synonyme d'*oxydation*,
action de l'oxygène sur les autres corps. Il n'est pas nécessaire, pour qu'il
y ait combustion, de constater une production de chaleur et de lumière.

À l'avenir, nous emploierons la notation chimique, afin d'éviter de trop
fatigantes répétitions. Ainsi, nos lecteurs peu familiarisés avec les pratiques de la chimie, auront à tenir compte que les chiffres placés auprès du
nom d'un corps (ou plutôt du signe abréviatif de ce nom) indiqueront les
équivalents nécessaires à telle ou telle combinaison.

X. L.

DICTIONNAIRE

DES PRODUCTIONS

COMMERCIALES & INDUSTRIELLES

*Chaque article est accompagné d'une Notice scientifique, historique et géographique,
ainsi que de l'indication des Pays, Négociants et Industriels auxquels il se rapporte.*

A

ABS • ABS

Absinthe. — (De la plante et de la liqueur qui porte son nom.)

L'absinthe est une plante tonique et excitante, qui offre trois espèces principales : l'absinthe *grande, petite* et *maritime.*

Ce végétal est très-employé en médecine pour combattre l'atonie du tube digestif : il excite l'appétit.

Le vétérinaire le donne aux animaux, dans du vin blanc, comme bon vermifuge. C'est d'ailleurs une infusion semblable que débitent nos limonadiers, en lui donnant toutefois le nom de Vermout.

Beaucoup de personnes croient que la liqueur alcoolique dite d'*absinthe,* a quelque rapport avec la plante de ce nom. C'est une erreur : ce végétal n'entre pour rien dans ladite liqueur. On a longtemps disputé sur ce sujet à l'occasion du nombre considérable de buveurs qui, chaque année, vont peupler nos hospices d'aliénés.

Dans une note adressée à l'Académie des sciences, M. Deschamps (d'Avallon) déclarait, que l'absinthe est un alcoolat coloré avec des sucs d'épinard, d'ortie, etc, dont le végétal *absinthe* est absolument exclu.

Pour notre part, il nous souvient d'une déclaration, en tous points semblable, qui nous fut faite par un homme bien entendu en cette matière. Il nous dit mieux que l'*anis* entre en proportion sensible dans cette liqueur.

Quoi qu'il en soit, l'erreur signalée a engagé des savants à étudier les effets du *végétal absinthe.*

Les expériences de deux médecins aliénistes, MM. Magnan et Bouguereau, démontreraient auplement que c'est à l'*essence* d'absinthe seule qu'il faut attribuer les désordres organiques qui tuent les buveurs, et non l'alcool comme beaucoup l'ont prétendu.

Pourtant, si la liqueur en question ne contient pas de suc d'absinthe ?... Eh bien, cela prouverait, si les expériences de ces messieurs sont bonnes, exactes, que la liqueur avec ou sans absinthe est aussi funeste après qu'auparavant.

Les principales fabriques de cette boisson alcoolique sont celles de MM. C. Lecoultre, à Motiers-Travers (Suisse), maison à Pontarlier ; de MM. Bailer, Berger, Berthollet, Dubied, Rosselet-Dubied, à Couvet, près de Neuchatel (Suisse).

La plupart de ces maisons, dont les produits sont cités par les amateurs, ont des succursales à Pontarlier, ville autour de laquelle on cultive la plante absinthe.

En France, la liqueur d'absinthe est fabriquée à Aillevillers (Hte-Saône) par MM. Deschazeaux et Godard ; — Léon Pernet ; — M. Monnot. Puis à Nîmes (Gard), dans l'Hérault, etc.

Acier. Fer combiné avec du carbone. Sa fabrication exige du fer d'une grande pureté, et sous ce rapport, toutes les nations sont tributaires de la Suède.

L'acier s'obtient par divers procédés, dont nous ne pouvons ici donner le détail. Nous dirons simplement que tantôt on place le feu au milieu de poussière de charbon dans de grandes caisses de tôle chauffées dans des fours spéciaux, tantôt on fait fondre le métal avec du carbone dans des creusets fermés avec soin. Ce dernier procédé donne *l'acier fondu* que nous étions obligés autrefois d'aller demander à nos voisins d'Outre-Manche.

On sait que la *trempe* rend l'acier beaucoup plus dur, mais aussi plus cassant, et constitue une épreuve expérimentale qui permet de distinguer le fer de l'acier. Après la trempe, le fer est aussi mou, bleu et flexible qu'auparavant.

La France possède des forges et des hauts-fourneaux remarquables, parmi lesquels on peut citer ceux de la Loire, de l'Ariège, de la Hte-Garonne, de l'Isère, du Rhône et de la Gironde (à Lugos et à Labouheyre.

Dans la Grande-Bretagne, on trouve Manchester, Penn, Shffield, qui donnent de beaux produits.

La Bavière et surtout la Belgique sont aussi très-renommées pour leurs fabriques.

Voyez le mot FER.

Acides *voyez* PRODUITS CHIMIQUES.

Alambic C'est aux arabes que nous devons ce précieux appareil de distillation. Arnaud de Villeneuve l'employa le premier, en grand, dans la distillation des vins. On améliore chaque jour cet utile instrument, les deux objets que se propose tout fabricant devant être : 1o économie du combustible ; 2o perfection du produit distillé (Varennes).

Paris possède des fabriques d'alambics ; mais le département du Gers semble avoir voulu s'emparer du monopole de cette fabrication. MM. Bonhoure, Suzanne, à Condom, MM. Savary, Pérez, Rivière, à Eauze ; la maison Siercadet, à Etang, fabriquent et fournissent tous les appareils nécessaires à l'art du distillateur.

Alcool. — Liquide malheureusement trop connu puisque son abus en France comble nos hôpitaux d'incorrigibles buveurs, et fait 50,000 victimes en Angleterre, en Allemagne, et plus de 100,000 en Russie.

Nous ne parlerons pas de sa fabrication : c'est un sujet qui demande des développements que les autres parties du *Mémorial* peuvent seules embrasser. Bornons-nous à rappeler que l'alcool est extrait des grains, du vin, des pommes de terre et de tant d'autres végétaux contenant des matières amylacées. Sa formule chimique est $C^4 H^6 O^2$.

« L'alcool de vin est généralement réservé pour la table, les liqueurs fines, et pour alcooliser les vins peu spiritueux. Cet alcool a un bouquet particulier dû à certaines huiles essentielles qu'il renferme toujours, » et qui lui donne les signes caractéristiques auxquels se rapportent les dégustateurs.

Les alcools de grains, de betterave, etc., bien rectifiés, sont employés pour donner du ton aux vins du petit commerce et du cabaret. On s'en sert également pour les liqueurs communes et pour la parfumerie.

Nous n'indiquons à cette place aucun lieu de production ou de fabrication, nous réservant de consacrer au mot *Eau-de-vie*, une courte notice aux produits des Deux-Charentes ([1]) de l'Armagnac et des régions du Sud et de l'Est de la France.

(*Voir aussi* RHUM)

Alcoomètre & Aréomètre.

« On mesure ordinairement le degré de spirituosité des alcools au moyen d'un instrument qu'on appelle un aréomètre. On se sert encore aujourd'hui pour cette mesure d'un aréomètre dit de Cartier ; mais l'instrument adopté par l'administration, et le plus généralement en usage, est l'alcoomètre centécimal de Gay-Lussac. »

F. MALEPEYRE
Rédr chef du *Technologiste*

Ces instruments se fabriquent à Paris ; mais on en trouve dans la plupart de nos grandes villes.

Alun. — Sel formé par la combinaison de l'acide sulfurique avec l'alumine : mais l'alun du commerce contient une petite

1. Voir le Mémorial, Ier vol. art. ALCOOLS.

quantité de potasse : il est ainsi appelé *sulfate d'alumine potassé*.

Ce sel est essentiel aux arts. Il était connu des anciens et constituait une branche importante du commerce des Égyptiens, qui se le procuraient en Afrique, où l'alun se rencontrait, disposé par couche, dans les sables des déserts.

L'usage considérable qu'on en fait n'a pas permis de se borner à l'exploitation de ces mines. Les progrès de la science ont offert des moyens artificiels, et les premières fabriques d'alun chimique s'établirent jadis à Montpellier et à Javelle.

Usages. — Astringent énergique que la médecine emploie avec prudence contre les hémorragies passives, dans les angines, etc. — Le tanneur et le pelletier s'en servent pour la conservation des peaux. L'alun donne au cuir et au suif une grande solidité. De plus, il a la propriété d'empêcher le papier de boire l'encre. Enfin, mordant exceptionnel de toutes les couleurs, on l'emploie, dans la teinturerie, pour fixer les couleurs sur les étoffes.

Les fabriques d'alun sont, en France, dans les départements de l'Aisne et du Tarn. Il y en a aussi de fort importantes en Alsace (à Bouxwiller), en Hongrie et en Belgique.

Alumine. *Voyez* ARGILES.

Aluminium. — Nouveau mé-

tal, presque aussi brillant et quatre fois plus léger que l'argent. C'est le métal dont l'alumine est l'oxyde. Comme l'aluminium est un métal qu'on ne rencontre dans la nature qu'à l'état de poussière grisâtre, on le fait fondre avec du sodium, après quoi il se trouve en état d'être forgé et de recevoir les formes les plus variées.

On fabrique ainsi l'aluminium à Nanterre (Seine), et dans la Grande Bretagne.

Amidon. — Connue de tout le monde, cette substance est la plus simple expression des matières dites amylacées. Son type se trouve dans le blé ; sa formule chimique est 12 équivalents de carbone et 10 d'eau.

Comme aliment, l'amidon est très-nutritif ; on sait qu'il engraisse les animaux.

De modification en modification, cette substance passe d'abord à l'état de glycose, puis de sucre. Le glycose, soumis à l'influence de la fermentation, produit l'alcool ; et l'alcool, soumis à l'action de l'oxigène, produit l'acide acétique, base de tous les vinaigres. On voit par là que l'amidon est la souche de bien des produits, dont la parenté nous a été révélée par les progrès de la chimie.

L'amidon sert à faire de la colle et de l'empois. Les parfumeurs en usent pour fabriquer la poudre dite de riz. Enfin, cette substance est, pour la médecine, un émol-

lient employé 'dans les inflama-
tions intestinales.

Nous avons, en France, de très
nombreuses fabriques d'amidon.
Pour ce qui est de l'étranger, nous
croyons que les meilleurs produits
sont ceux des manufactures d'Italie, d'Espagne et d'Angleterre.

(*Voir* FÉCULE)

Anchois, (*Voyez* POISSONS CON-
SERVÉS)

Anis, Anisette. — L'anis est
une plante qui croît assez bien
dans nos jardins. Ses fleurs sont
blanches ; ses graines, verdâtres,
ovoïdes, striées, ont une odeur
agréable et une saveur douce,
chaude et aromatique.

« Les semences d'anis donnent,
par la distillation, une huile vola-
tile plus légère que l'eau, blanche
odorante, douce. se solidifiant au
dessus de zéro. »

« A Bordeaux, on prépare, avec
cette graine et l'alcool édulcoré
avec le sucre, une anisette très-
renommée.

« L'eau-de-vie d'Hendaye est
aussi un alcool anisé, mais moins
chargé de sucre. » (Extrait d'un
art. de L. Saury.)

On fait un très-grand commerce
d'anis dans la Côte-d'Or, à Flavi-
gny-sur-Ozerain, et à Albi (Tarn),
où sont établis les magasins de
MM. Fournier, Lami, Lafon, Puell
et Wauviette.

Quant à l'anisette de Bordeaux,
dont il a été fait mention, elle sort

de la maison Marie Brizard &
Roger.

L'anis est également employé
en médecine pour stimuler les
voies digestives et combattre les
flattuosités non-compliquées d'in-
flammations intestinales.

(*Voir* VERMOUTH *et* ABSITNHE)

Anthracites. — (*Voyez* CHAR-
BON DE TERRE *ou* COMBUSTIBLES).

Antimoine. — C'est un métal dont les anciens ont dû avoir
quelque connaissance, mais donc
la découverte scientifique est due
à Valentin Bazile, du XVe siècle.
Ce chimiste en ayant donné
comme médicament à des moines,
ces malheureux périrent. D'où le
nom d'*anti-moine*. Le nom de ce
métal en langue latine est stibium,
d'où l'on dit encore des médica-
ments *stibiés, tartre stibié*.

L'antimoine est très-répandu
dans la nature. On le trouve généralement sous forme de sulfure,
d'où il est extrait par le grillage
et l'action du feu.

Il est employé en médecine dans
la fluxion de poitrine (*pneumonie*)
Le tartre stibié (émétique) a pour
base le protoxide d'antimoine ; le
kermès (expectorant) est un sulfure de ce métal.

L'antimoine est peu employé
dans les arts. On s'en sert, uni
avec du chlore, pour bronzer les
métaux, les armes, les canons de
fusils. Enfin l'alliage de ce métal
avec le plomb est employé dans la

fonte des caractères d'imprimerie : on l'appelle *Régule d'antimoine.*

On exploite des mines de ce métal dans les départements du Gard, de la Haute-Loire, de l'Ardèche, de la Lozère, du Cantal, etc.

Ardoises. — Ce nom vient du latin *ardesia,* du pays d'Ardes, en Irlande, d'où les premières ardoises ont été tirées. — C'est une espèce de pierre tendre, de couleur bleuâtre, très propre à couvrir les maisons. Pulvérisée, l'ardoise peut servir au polissage des métaux, surtout si l'on a soin de la délayer avec un peu d'huile fine.

Nous avons, en France, de nombreuses carrières d'ardoises, et notamment dans le Calvados, la Savoie, la Corrèze, les Ardennes, le Finistère, le Maine-et-Loire, etc.

Argent. — Il se trouve souvent mêlé avec l'or dans le sein des roches cristallisées. D'autres fois, il est combiné avec de l'antimoine, du souffre, du chlore ; le plus fréquemment avec du plomb.

La France possède trois mines de plomb argentifère : celles de Poullaouen et de Huelgoat dans le Finistère; de Vialas dans la Lozère, et de Pontgibaud dans le Puy-de-Dôme. A Ste-Marie l'argent s'y trouve mêlé au souffre.

Dans l'Isère, une compagnie française exploite les mines des Chalanches. M. Larrabure, actuellement député à l'Assemblée nationale, possède dans les Vosges, à

Croix-des-Mines, une mine de plomb argentifère. A Trèves (Gard) M. Joly est concessionnaire de mines d'argent et de plomb.

Les usages de l'argent sont très-nombreux, et nous n'en citerons que quelques-uns. On fait, avec ce métal et de l'acide azotique, les crayons connus sous le nom de *pierre infernale.* Les parfumeurs ont employé des dissolutions d'argent pour la fabrication des eaux de Perse ou de Chine qui noircissent les cheveux. Enfin, l'argent sert également à la fabrication de la monnaie, aux travaux photographiques et à mille autres objets.

Argile. — Terre grasse, molle, ductile, avec laquelle on fabrique des articles de poterie. Les argiles sont essentiellement composées de silice, d'alumine et d'eau : elles constituent plusieurs espèces, et admettent en mélange un grand nombre de substances.

Les argiles pures (alumine) sont blanches, opaques, onctueuses et infusibles à la plus haute chaleur de nos fourneaux. Mais elles sont toujours combinées aux trois substances que nous avons citées et auxquels il faut ajouter la magnésie et l'oxyde de fer, quelquefois même du sable. Les proportions des diverses matières étant fort variées, nous avons, par suite, différentes argiles, telle que l'argile d'Antragues (Belgique), la terre à pipe de Strabourg, l'argile de Hayanges (Moselle), celle de St-

ASP

Amand (Nièvre), l'argile de Forges (Seine-Inférieure), les ocres jaunes de Pourain, St-Amand, St-
Georges-sur-Prée, la cendre de
Reims, la plombagine de Passan
(Bavière), la marne de Péronne,
celle de Vitry, etc, etc. On rencontre les argiles dans tous les terrains, depuis les grès houillers
jusqu'aux alluvions modernes.

L'aluminé (ou argile pure) est un
oxyde d'*aluminium*.

Usages — Ils sont plus nombreux qu'on ne le pense d'abord.
Les argiles sont employées pour la
fabrication de la poterie, des creusets de chimie et de hauts fourneaux.

On en fait des pipes, des ciments,
du mortier hydraulique, des bri-
ques. La *terre à foulon* est employée
pour dégraisser. La *plombagine*
donne les crayons dits à *mines de
plomb*. L'*écume de mer* ou *magnésite*
est fort recherchée pour les articles
de fumeurs. Enfin l'usage des *ocres
jaunes* et *rouges* est connus de tous.

Par les articles précédents on a
pu voir que c'est avec l'un des éléments de l'argile qu'est fabriqué
l'alun, si précieux à tous les arts
C'est également de l'alumine qu'on
extrait le métal encore tout nouveaux appelé *aluminium*.

(*Voir* ALUN *et* ALUMINIUM)

Armes.

— On partage aujour-
d'hui les armes guerrières en deux
catégories seulement : les *armes
blanches*, qui comprennent l'épée,
le sabre, la bayonnette, et les *ar-*

ARM

mes à feu, se composant du fusil,
du mousqueton, du pistolet et des
bouches à feu.

Avec ces engins, qui sont prohibés
par la loi, et que nul ne peut porter sur soi s'il n'est militaire, l'industrie fournit au commerce et aux
particuliers des fusils à deux
coups, à aiguilles, au système Le-
faucheux, à bascule, pour la
chasse et le tir. Les fabriques de
St-Etienne, par exemple, donnent
de belles armes de précision ; des
révolvers, des carabines, des pisto-
lets de tir, etc.

A Paris se fabriquent les armes
blanches, et aussi en Alsace. En
somme, pour tous les genres d'armes, la France compte environ sept
localités au sein desquelles sont
établies de très-importantes manufactures, ce sont : St-Etienne, Cha-
tellerault, Tulle, manufactures
nationales ; puis Charleville, Lyon,
Paris et Plombières.

Asphalte.

— On l'a appelé
gomme des funérailles parce que les
Egyptiens en faisaient autrefois un
grand usage pour embaumer leurs
momies. C'est un bitume compact,
dur, d'un noir brillant, qui s'en-
flamme et fond aisément. On l'emploie encore, croyons-nous, en médecine, dans la préparation de certains onguents ou emplâtres à cause de la propriété glutineuse qu'il
possède lorsqu'il est soummis à
l'action de la chaleur. On le rem-
place avec avantage par la poix de
Bourgogne.

ASP

L'industrie se sert de l'asphalte pour couvrir nos trottoirs, les cours de nos maisons.

L'asphalte le plus estimé est celui de la mer Morte.

L'exploitation des mines d'asphaltes a lieu, en France, dans les départements de l'Ain, du Gard, de la Hte-Savoie, de la Saône-et-Loire.

AVO

Il y à Paris; rue de la Victoire, 59, une Compagnie des asphaltes, qui possède des comptoirs à Lyon.

(*V.* BITUMES)

Avoine. — *(Voyez* GRAINS*)*.

Bordeaux.— Imp. A. Arnaud

www.ingramcontent.com/pod-product-compliance
Lightning Source LLC
Chambersburg PA
CBHW071103210326
41519CB00020B/6144